笑口常開

黃金華題

常开笑口
——常宝华八十载艺海拾贝

常宝华 口述 张 青 编著

中国商业出版社

图书在版编目（CIP）数据

常开笑口：常宝华八十载艺海拾贝 / 常宝华口述；张青编著. — 北京：中国商业出版社，2018.4
ISBN 978–7–5208–0282–6

Ⅰ. ①常… Ⅱ. ①常… ②张… Ⅲ. ①常宝华－自传 Ⅳ. ① K825.78

中国版本图书馆 CIP 数据核字 (2018) 第 054394 号

责任编辑：唐伟荣
特约编辑：常露秋
责任校对：肖葵葵
特约顾问：常晓兰
法律顾问：商家泉

中国商业出版社出版发行
010–63180647　www.c-cbook.com
（100053　北京广安门内报国寺1号）
新华书店经销
北京兰星球彩色印刷有限公司印刷

*

850×1168毫米　32开　8.375印张　150千字
2018年4月第1版　2018年4月第1次印刷
定价：39.00元

* * * *

特别声明：版权所有，侵权必究！未经许可，本书不准以任何形式在任何地区以任何文字翻印、拷贝、仿制或转载。

常开笑口

常宝华

将此书感恩并呈献给喜爱"常氏相声"的观众暨常氏家族所有人员。祝福读者常开笑口!

自序

常宝华近照

要说出书,我认为我似乎没什么资格。有人就说,那么什么样的人才有资格呢?是那些有丰功伟绩,或者做出了一些鲜为人知、十分惊奇或者很精彩的事情的人吗?而我显然是一个平平淡淡的人。

我创作过相声,我演过相声,但是我创作的作品并不是很多,我演得也不是十分精彩。可以说四句话就概括了我:

创作不大点，演出不起眼，干了大半辈，落个半熟脸。有人说这是谦虚之词，但我觉得这是实事求是。

我父亲常连安有六个儿子，长子常宝堃、二子常宝霖、三子常宝霆，我是老四常宝华，还有五子常宝庆、六子常宝丰，都是相声演员。常宝堃之子常贵田，常宝霖之子常贵生、常贵元，还有我的孙子常远、外孙子杨凯等也都是相声演员，所以说，我们一家子都干了这一行，成为"常氏相声"的一个世家。

今天，我的书能和读者见面，我感到很欣慰和高兴。我只想粗浅地梳理一下自己的足迹并希望能回馈社会，感恩我的观众，有不到之处，也希望大家多加指正。

‖

说到出书，我首先还要感谢我的两位老朋友，他们是李滨声和张青。

李滨声老师在我出这本书期间，可以说前前后后帮了我很大的忙。他是我的老朋友，很早我们就认识了，他也是我的老观众，从我小时候，他就看我在台上表演，可以说是我的活档案。

怎么说是活档案呢？我打几岁开始说相声，说到什么时候等等，他都能够说得头头是道、如数家珍。这些情况都瞒不了我这位老朋友。我家弟兄几个、家里什么情况，他也都知道。所以说，他是我尊重的、敬爱的李滨声老师。

这次出书他老人家又帮了我很多忙。虽然他都九十多岁高龄了，但还是欣然动笔，为我一挥而就，凭借着他那娴熟的笔法，为我即兴书画了"启明茶社"的现场情景。此外，他还画了我小时候参演的电影《锦绣歌城》的故事。

李滨声老师是看着我成长的，他那时候也经常到"启明茶社"去观光、去听相声。他热爱相声等文艺作品，也曾画过很多我们熟知的相声演员的漫画，这些我都欣赏过，也非常喜欢。在我出版的这本书籍中，他给与我满满的帮助和捧场，我非常感谢我的这位老朋友。我由衷地祝福他，祝他健康、长寿。

我还要感谢我的另一个老朋友，可以这么说，我们是知己的老朋友了。所谓知己，就是互相了解得很深透了，她就是此书的作者——张青（她的笔名叫露露）。她在新闻媒体工作三十余年，经常撰写文章，是一位集编辑、记者、摄影于一身，在报界尤其是在北京二商报、北京市场报、中国烹饪杂志、中国商报等媒体机构中，非常资深和优秀的一位同志。

她在我的需求下，策划要帮助我出本书。我说要出书的话，我有什么可写的？她告诉我，她现在在北京老字号协会宣传部工作，她觉得"常氏相声"通过口授心传，发展至今也实属不易，比如"启明茶社"也有很悠久的历史。出这本采取我口述、用第一人称讲述故事形式的书籍，可以让更多的人，知道和了解"常氏相声"的历史故事与相声的文化底蕴，将我国的优秀民族文化和相声技艺发扬光大。

我听了觉得是这么回事。这个相声界的老故事可不是无足轻重，也不是随便一说。因为这里面有我国传统文化的体现，也有我们老一代人传承的担当精神。

这样的话，我就正式授权委托张青（露露）与我一起共著此书。与此同时，我也把我的相关书籍、手稿、资料、图片等一并交付了她。她就成为这本书的策划和组织者，当然也是亲临一线采访我的著作者。

为了这本书的出版，她承担了资料收集、构思、录音、整理、编辑、摄影、编著等一系列工作。所以，我也由衷地感谢她为这本书的辛苦付出。相信通过她和很多帮助我的朋友一起努力，一定能够让这本书早日和观众、读者及我的朋友们见面。

上述感言和情怀，是为序。

2018年春

卷首语

作者 张青（露露）

2017年3月的初春，我和常宝华老师商定共同完成此书。书籍的文稿采用第一人称，讲述他一生倾注心血——"相声"事业的故事。将此书感恩并呈献给喜爱"常氏相声"的观众暨"常氏家族"人员，祝福读者们常开笑口！

2017年3月12日，我开始采访他。常老师头脑清晰、表达清楚、口才颇好、语言凝练、出口成章，他娓娓道来尘封往事，而且充满了正能量。他对母亲的热爱和眷恋；在对求学的渴望和叹息后，转为努力学习相声艺术；以及大哥常宝堃烈士（艺名：小蘑菇）用相声作武器，从抗日时期直到牺牲在抗美援朝的战场，这些都对他一生的成长起到重要影响；从他目睹父亲和大哥"撂地"演出，到八岁在"启明茶社"与父亲学艺，与相声结缘的八十载艺海故事，字字句句直入人心，滋润心田、给人启迪。

他的声音、笑容、建树、经历等，举手投足间，都透着酸甜苦辣，令我更加敬重他。他在相声行业的表演德艺双馨，博得全国众多观众的喜爱。他的作品意味隽永、百听不厌，镌刻着时代变迁的历程。他的许多极具代表性的作品，更是反映一个时代坚实的印记。他对我国曲艺界的贡献有目共睹、有口皆碑。我想，把这些弥足珍贵的精神财富，作为岁月的纪念和史料的积累，留存给社会和后人，是时代赋予我们的责任，也是对社会和后人都有益处的善举！

面对他的信任，我来撰写著书，即刻责任使然。他鼓励我："不要有压力，也不要有所框框和局限，出一本内容简单真实、语言朴实无华的书就足够了。"书的名字是什么？它应该是展示常老师精神的精髓，以及常老师与相声不解情缘的人生经历。从他六七岁登台表演到现今耄耋之年，对相声的喜爱始终不变，对相声的研究孜孜不倦。八十余载，有人说它漫长，也有人说它短暂，我想要说：不论漫长还是短暂，一世一事。他一辈子只专注做好一件事，相声就是他，他就是相声，相声已经融入到他的生命里。

在起书名的过程中有个小插曲，起初的书名为《常笑艺海八十载》。但在不断的写作过程中，感觉书名太过于总结他本人经历,念着也是有些拗口。书名还是要言简意赅,好念、好记、接地气;同时体现出他从事相声工作的特点和给读者(观众)带来的收获,从这两个角度去思考。就在踌躇不决时,聊到他一生以相声让观众"笑口常开"的愿景时,他脱口而出"常开笑口",对我产生了启发。不言而喻,他姓"常",这真是无巧不成书啊。我们一拍即合,书名跃然而出,惟其如此。于是呈献给读者的书名是《常开笑口——常宝华八十载艺海[1]拾贝》。这正是:踏破铁鞋无觅处,得来全不费功夫。

古有"春生夏长,秋收冬藏"一说,本书据此用"四季"划分章节。春是播种的季节,记述了他童年的生活和梦想;夏是劳作的季节,讲述了他青壮年期间的自信、自强和自尊的故事;秋是收获的季节,记录了他在行业中的担当、勇气、喜悦和成果;冬是收藏的季节,收集了亲朋好友与他之间的感人故事,以及他写的杂文等。通过文字和珍贵的照片,展现他在相声事业的传承、保护、延续、发展中所起到的作用,同时传递相声艺术文化的魅力和力量。

此书的特点是,每个故事尽可能原汁原味地保留常老师的语气,如闻其声、如见其人。阅读本书就仿佛在听故事,用耳朵聆听岁月走过的声音。编著时用纪实的写法,突出时间、地点、人物及所做事情等方面的真实、生动和亲切感。

岁月流逝,笔墨留痕。正如子墨子曰:"书之竹帛,传

---

1. 海,两个涵义:一是常宝华老师从事的相声事业的艺术海洋;二是常宝华老师也是一名光荣的海军文艺战士。

遗后世子孙。"书籍可以使人们重温往昔鲜活的记忆，传承祖国优秀的曲艺文化。书籍也会在几十年甚至百年后，依然静放在书店、图书馆、博物馆、档案室或是学校的书桌上。不管它摆放在何处，它都会默默地、安然地等待着有缘的读者，同享穿越时光和空间的故事；或许它也等候着您从书店或是网络上把它买回家中，收藏于书房。

每个人的历史，都是一篇故事；每篇故事，都是一道风景。总有一段岁月的故事需要我们重温；总有一种文化的记忆需要我们传承；总有一个符号的名字需要我们致敬！我请您一起分享"常宝华八十载艺海拾贝"的故事，也请您多一份思考：常氏相声走过悠久绵长历史的秘籍是什么？相声艺术如何百年无忧、厚积薄发、历久弥新？民族的就是世界的，相声是祖国民族艺术的瑰宝，中国的相声如何以自信的态度，有声、有色、有笑地走向世界舞台？

"苟日新，日日新，又日新。"新的题目权当摆在了我的面前。

季羡林先生平白淳朴、本色天然的文风，是我所欣赏。正如季羡林先生所言，"不完美才是人生。"

首次著书不完美，欢迎指正。

张青（露露）
2018年春

关于本书

本书讲述的是"常氏相声"传承人之一常宝华老师,用行动坚守家族的使命并薪火相传的故事。他用行动、用相声、用传统文化,讲述着家族的历史并捍卫着"常氏家族"的荣誉。

他从八岁起为了家族的生存和发展,学习相声、表演相声、创作相声,一路走来八十载风雨历程。他个人的成长、进步,始终伴随着国家、民族和家族的发展。所以他的故事在历史的每个时期,和母亲、父亲、大哥及其他人员有着千丝万缕的联系。他所创作和表演的作品,屡获殊荣并印记着时代的烙印。

他的父亲常连安从最早唱戏走红,到后来改说相声,并于1938年创立"启明茶社",成为相声文化的摇篮,在相声史上抒写了重要一笔。今天在这个家族的四代人中,走出了十余位相声演员,成为现在从事相声人数之多的佼佼者。

他的哥哥常宝堃在抗日战争时期,用相声作为武器和敌人斗争;解放后在抗美援朝时,用一腔热血为国捐躯,是这个家族中的烈士。

1953年,当文艺界再次组织赴朝慰问团时,常宝华继承哥哥的遗志,成为第二位在前线战地说相声的演员。常氏家族"感恩报国"的家训也由此而来。

尔后,他带着已故大哥常宝堃的长子常贵田参加了海军,并肩携手为战士说相声,足迹走遍了几乎所有解放军驻守的海岛……

阅读此书,让我们一起走进常宝华老师的相声世界。

作者拙笔自画像

目录

自序
卷首语
关于本书

 第一章 春

我出生在天津市的"三不管" ……………………… 002
母亲是我的第一位老师 ……………………………… 004
父亲最早从唱戏走红 ………………………………… 007
童年初识相声 ………………………………………… 012
我第一次登台演出 …………………………………… 014
我上堂会演出 ………………………………………… 017
我要上学 ……………………………………………… 019
我一定好好上学 ……………………………………… 021
我失学了 ……………………………………………… 023
八岁时我踏上北平的土地 …………………………… 026
幼年挨打的印象 ……………………………………… 028
对小人书的情怀 ……………………………………… 030

"启明茶社"二三事 032
学海无涯苦作舟 038
"启明茶社"的创新 044
解释一下"小安堂" 048
出演电影《锦绣歌城》 050
忆旧"启明茶社" 054
李滨声画说《锦绣歌城》 056

第二章 夏

大哥常宝堃:人称"善财童子" 060
常宝堃是我的榜样 064
大哥常宝堃"小蘑菇"为国捐躯 067
忆革命烈士常宝堃 071
我赴朝鲜继承哥哥的遗志 076
参加解放军圆了我的上学梦 079
部队这所大学培育了我 084
我的师父马三立 089
我给毛主席说相声 094
相声《昨天》 097

目 录

第三章　秋

赴西藏慰问演出 107
在猫耳洞用电话说相声 115
我做搬运工和吊车工 118
相声《帽子工厂》 121
赴大洋彼岸演出 124
相声的误区 129
说说相声的创作 134
说好相声的基本功 138

第四章　冬

祭文——哭好老伴儿富天真 142
胜杰，难得的好演员 145
常贵田谈四叔 149
父亲的故事 151
爷爷创作相声的风格 158
笑谈果脯文化 161

- 003 -

印象中的赵福玉 167
有位好师父是幸福 169
因做帽饰生意与他相识 171
记《沧海一声笑》 173
常笑艺海八十载 179
我谈"四爷"的捧哏 186
谈相声《追溯》的意义 188
说说常贵田参军的故事 190

 附录

《昨天》 195
《帽子工厂》 210
《追溯》 221
演艺经历和荣誉 230
常宝华的徒弟 234
"常氏相声"的多次专场演出 236

书后语

第一章 春

相声是从旧社会，从土地上"滚"出来的这样一个形式，逐渐形成现在的雅俗共赏、戏剧性曲艺艺术。

我出生在天津市的"三不管"

幼年常宝华

1930年农历十一月,那是一个寒冷的冬天,我在一个贫苦艺人的家庭出生了。

父亲是个变戏法的艺人,听母亲讲,当时我们住的地方在天津市叫"三不管"。那时候天津是最典型的殖民地城市,英国、美国、法国、日本、德国、俄国等各个国家都按照本国的风格和习俗来建造楼房。"三不管"地区是昏庸的天津官府不敢在那里行使主权,使那里乱埋乱葬死人尸骨没人管、坑蒙拐骗没人管、打架斗殴没人管,旧时就称这地方为"三不管"。

第一章 春

"三不管"地带聚集的都是贫苦人家,随处可见说书、唱戏、打把式、卖艺、小角、杂耍、小贩等五行八作的人们。当然,也不乏相声艺人的身影和足迹遍及各地。尽管人们的生活贫困,但是相声仍逐渐成为百姓消遣的一种娱乐方式。

由于母亲身体虚弱,我从小没有奶吃,是母亲每天用一勺勺面糊给我喂大的。我模模糊糊地记得,三四岁时我家住在摇摇欲坠的简易木板房二楼,每当妈妈挽扶我上下楼时,楼梯左摇右晃嘎嘎作响。

印象最深的是哥哥姐姐只盖一条补丁落补丁的破棉被,洗脸只用一盆水,大人洗完孩子洗,该到我洗时只剩一盆黑泥汤,我总是重复大人常说的一句话——"脏水不脏脸"。尽管家里大人和孩子天天吃糠咽菜,啃窝头、喝稀粥,偶尔才吃顿肉,但妈妈总是留给我吃,吃得我又白又胖,体格健壮。打小妈妈对我精心哺育,这是我一辈子也忘不了的养育之恩。

有言道:要不在北京天桥过过筛子就不叫艺人,不到天津"三不管"闯练一番也不叫艺人。我的幼年就是在"三不管"地方长大的。

李滨声画

母亲是我的第一位老师

母亲 田英

在旧社会,妇女都随男人的姓,我母亲就叫常田氏,后来老人家给自己起了个名字,叫作田英。

童年时的我,不知道世界有多大,就连中国我也闹不清有多大。不足一百米的胡同便成了我的活动天地。胡同里的小朋友踢小皮球、跳房子、弹玻璃球对我都很有吸引力,比

第一章 春

我大的孩子教我下象棋、借我小人书看,我不认字,只能看画面。我母亲虽然是一个家庭妇女,但对我的教育是不薄的。她老人家说的话,至今我一直忘不了。

1930年,我在天津出生,那时候河南、山东、河北闹灾荒,可以说家家户户每天都得接待乞讨者。这些乞讨的人络绎不绝,走了一拨又来一拨。每逢要到我们家门前,母亲总是特意把留下来的饭、菜、馒头、烙饼给他们。每次都是我主动地送到他们手里,有时还眼看他们吃到嘴里,闹不清我是好奇还是同情,可能都有。我曾经问过母亲:"他们怎么要饭吃?"母亲沉思很久说:"他们都是农民,乡下闹灾才逃荒要饭吃的。"

我懂得了"农民""逃荒""要饭",觉得他们真是可怜啊!一次,我亲眼见一对农民夫妇挑着一对筐,一边放一个孩子,筐上插着草标。原来是卖孩子的。街坊四邻有给钱的,有给衣服的,也有劝说不要卖孩子的。这时母亲拿了一些钱塞给农妇,当时他们就端碗双腿跪地热泪盈眶,母亲也红着眼圈儿走回家去。

每到腊八,母亲总是熬上一大锅粥,各种豆、米、栗子、小枣,真好喝。可一大锅怎么也喝不完啊,后来才知道,原来母亲是为了给邻居每家一大碗,还要剩多半锅留给要饭的。

记得有一次,有个要饭的刚走到我家门口,我便急忙找剩饭、剩菜,看见一碗菜,我端起碗就往外跑。我母亲看见后说,"等一等,你先尝一尝,看看馊了没有,要是馊了,他们会吃坏肚子的!"我想,要饭的还怕……母亲很严厉地告诉我:"你要记住,要饭的也是人啊!"

至今我都没有忘记母亲给我上的"第一课"。她虽然只简单地说了一句话——"他们也是人",可是我今天想来,感到老人家很高尚、很伟大。她把每一个人都看成是平等的,这里边也体现出乞丐也有人的尊严。

受母亲的影响和教育,我从小就爱帮助人。我懂得了,一个人无论清贫还是富有,在人格上都是平等的。

前排:常宝堃
后排左起:常宝华、常宝霖、常宝霆

第一章 春

父亲最早从唱戏走红

父亲 常连安

说起往事,不能不说到我的父亲——常连安。说到"常氏相声"也必须要说常连安。父亲小的时候家里很穷,爷爷很早就去世了,奶奶带着幼小的独生子常连安想改嫁。当时父亲性格倔犟，从小就不愿在家呆着，更接受不了我奶奶改嫁的事实。

因为那时候封建，如果女人改嫁了，闲言碎语是非常难听的。但是奶奶生活没有着落，只有嫁个人生活。因为这件事情，我父亲要离家出走，父亲对奶奶说："您要嫁人我脸往哪儿搁呀，那我不管您，我可就走了。"那时候他们母子抱头痛哭，奶奶说："我如果不找一个老头子，我生活怎么办？我得活着啊……"

我奶奶见父亲如此，就决定把父亲送到外边去，便找人写了"字据"，让父亲去学唱京剧。那会儿写"字据"有点儿跟"卖"孩子似的，谁接了"字据"，这孩子就归谁了。我父亲当时也就七八岁左右，有个人把我父亲买了以后，就带父亲去了东北吉林省的珲春市。

我父亲小时候学戏还挺有出息，最后还唱出点名堂来，还有挺多他的观众。父亲在东北的一个小县城，他唱戏，唱着唱着就唱红了，在戏班挑班当了"大梁"，因为嗓子好，还起了个艺名叫"小鑫奎"。当地人没有不知道他的，那时他才十几岁，但他的观众还真不少。

后来，父亲得了一种叫"大头翁"的怪病，全身浮肿，脑袋奇大，当初买他的那个人就不管他了。父亲就病卧在一家夫妻开的小店里，幸好那对夫妻看这孩子挺可怜、没人管，就商量着："到时候他死了，怎么办呀？得了，我们管吧！"他们请了好些人来看父亲的病，但无论怎么治，结

第一章 春

果还是看完了就摇头。就这样治来治去，我父亲的头还是很大，最后都变成了一种畸形的头。

那会儿东北军有一个军人，正好是军医。他来到小店就说，"你们这儿不是有一个唱戏的吗，叫小鑫奎的小孩，听说他快要死了，那就让我看看他去吧。"

后来他给我父亲看了病，他大概是个中医，看看舌苔，号号脉，再看我父亲那可怜的大头，确定这得的就是"大头翁"病啊！然后给我父亲开了一副中草药，并嘱咐："如果这副药吃完以后上吐下泻，别害怕，那是好事，慢慢再吃第二剂药。"说完那人就走了。

小店夫妻就给我父亲熬药、喂药，我父亲吃完后果然是上吐下泻。正是这样，把体内的毒排出去了，我父亲的头也就消了肿，不再是大头了。

父亲小时候真是挺可怜的，但父亲的命真大，多亏了那个东北军医和小店的那对好心夫妻，是他们救了我的父亲。

父亲好了以后，特别想念老母亲，想回北京找她。周围的人说："这哪儿有火车呀，你得上沈阳坐火车去。正好有一个客人路过这儿，可以带你，把你带到沈阳。"父亲说："能带我到沈阳，我就非常感谢了。"结果这个人连东西带父亲一起，都在一个马车上就上路了。不幸的是，在半道上遇到了劫匪，他们把东西都抢了，人就不管了。

父亲思念北京的老母亲，费尽周折，终于走到了沈阳。我父亲回忆说，当时也不知从什么地方走到了沈阳，只记得就跟乞丐似的,走了一天一夜。到了沈阳就想办法买车票,可哪儿有钱。跟人家一说,他们一看父亲还是个孩子,得了上车吧,最后我父亲终于回到了北京。

我父亲回到北京后,就找自己原来的家。但周围的邻居说,"哎呦,你找你妈呀,你妈早改嫁了。你要找她,你就得上……"于是我父亲就去了。去了以后,就在院子里,他就喊了一声,"妈!"当时我奶奶呀,连鞋都没有穿,就光着袜底跑出来了。一瞧见我父亲,他们娘儿俩抱头这一顿痛哭啊。

后来我奶奶对父亲说:"你要长时间住这,谁养你呀?干脆你呀,还是跟人家学戏去吧!"就这样,我父亲第二次又去学戏了。当时虽然父亲已经唱得挺好,但缺少名师指点,还是难以进步。1916年秋天,经人介绍,我父亲来到了富连成。

富连成是清末和民国颇为著名的中国京剧第一科班的戏班,培养了大批戏剧人才。萧长华任当时的戏校的校长,收父亲为徒。我父亲原名本叫常安,萧长华说,"你别另起名了,既然这会上学是第二科,连字班,你属'连'字辈,中间加个连字吧。"于是我父亲就更名叫"常连安"。

不幸的就是,父亲嗓子变音,俗话说"倒仓了"。这一倒仓不要紧,富连成这个戏班就说"你唱不了戏了,这里就不要你了"。父亲虽说唱不了戏了,但是他在戏班也学了一些,会了也不少的本事,就是嗓子呢有点沙哑了。

第一章 春

那时候，有钱人他要爱好什么呀，他舍得花钱。这时就有一个爱好京剧的，他把这些唱过京戏的闲人就给收罗了一下。干吗呢？陪他唱戏。我父亲就干这个，陪人家唱戏去了。那人还喜欢戏法，他有钱，找了一个变戏法的陪着玩。我父亲是个有心人，就跟这变戏法的也学了几套，心想万一将来要没有饭辙，自己还会点戏法呢。这话应验了，后来这个人呢败落了，没钱了。就这样，我父亲心想干脆我变变戏法得了。

1920年，为了谋生，父亲便在庙会上席地卖艺变戏法。在变戏法这个时期，我父亲娶了媳妇，他的夫人是旗人，岳父是德胜门的一个铁匠。1922年，我父亲常连安带着怀孕的妻子奔了张家口，在北市场席地卖艺。几个月以后，有了儿子，也就是我的大哥——常宝堃。

前排左起：常宝华、常宝珊、常宝霆
后排：常连安

童年初识相声

我六岁时,大哥给我买了从上到下一身童装,穿着丁字小皮鞋,戴上小马帽,大家都夸我神气漂亮。这在我印象里好像是第一次穿上新衣服。

妈妈说"大哥要带你出去玩儿",我可高兴啦。自从我懂点儿事就从没出过胡同,最远到胡同口的鸿记杂货铺,打点醋、买包盐什么的。妈妈为大哥每天做三顿饭,耗费了心思,想尽办法做得有滋有味儿,还很少重样儿。用大家的话说,"妈妈做的饭菜比饭馆儿有味儿!"大哥朋友多,凡是到家都留人吃饭,妈妈做的炸酱面、烧茄子、白菜叶包饭(菜包)在大哥朋友中成为美谈。

那天午饭后,大哥便带我去了劝业场对面的泰康商场,这还是我第一次坐电梯。三楼是个曲艺场所,叫"小梨园",原来叫"歌舞升平"。当时通称"杂耍园子",形式多样,如相声、京韵大鼓、河南梆子、联珠快书、单弦、戏法、抖空竹、口技等等。有六百多个观众席,舞台只有二十平方米左右,临近是包厢(三块木板有一米高,隔成单间坐五六个人），包厢后又分前后座、中排座和散座。

　　法租界有钱人多，这里又是名家荟萃，所以每天爆满。大哥将我带到后台，爷爷、大爷、姑姑、姐姐，我叫也叫不过来。有的给我买糖、有的给我买水果，不一会就装满一大纸袋子。最多我只含上一块糖，像大哥那样，其它的拿回家给妈妈吃。

　　我只往舞台前一站，静静地听唱，看表演。那时没有报幕人，有人上台作为检场的。舞台一角有一张张海报，上有演员姓名和曲种名称。

　　大哥和佩茹哥是倒数第二上场的节目，检场人一掀海报就是一阵热烈的掌声，等把桌子搬上来放上醒木、手绢、扇子，再铺上紫平绒面儿绣金丝线的桌铺子，六个字"小蘑菇""赵佩茹"，跟着铃声一响，哥俩随步走上舞台。台下又掀起更强烈的掌声，夹杂着"小蘑菇""好蘑菇"的呼喊声。

　　我当时听唱就觉得好听，看两个哥哥演出，笑声不止。那时候小，根本没有鉴别能力，跟着大哥几次去剧场看演出，我便对相声初步产生了一点儿兴趣。

常宝华（左三）的童年照片

我第一次登台演出

童年常宝华

我记事时也就五六岁。每逢我大哥常宝堃演出,就带我到小梨园市场(天津曲艺场所)去玩。那时我听过刘宝全、张寿臣、乔清秀、荣剑尘等曲艺名家的演唱。给我印象最深的,是大哥清早练功,面向窗户喊嗓子、背贯口,"清河、沙河、昌平县、南口青龙桥……"我也时常站一边儿听佩茹哥(赵佩茹是常宝堃的搭档)和大哥对词、排练。他们时而

停下研究,时而反复排练。我联想他俩在台上演得那么好、那样受欢迎,原来是这么费劲地排练啊!

一个冬天的早晨,大哥把我叫到佩茹哥住的小屋里说:"老四,你喜欢相声吗?"我说:"喜欢。"大哥接着说道:"那教你一段,我跟佩茹哥带你演出一次怎么样?""我……"当时我的心怦怦地跳起来,说:"我也没有大褂儿啊。"两个哥哥都笑了,佩茹哥说:"行,是这理儿,不知唱哪出,先得置行头(京剧服装叫行头)。"

从此,大哥每早练功,也让我跟着喊嗓子,用单字练嘴皮子,背贯口。同时他们也教我一段适合小孩儿说的三人相声《训徒》,让我演徒弟,总共不到三十句台词,我两天就学会了。他们要求我,念词要说准,用嘴要使劲说清楚,站起来像正式演出又排练一次,两个哥哥都夸我:"好,一字不差。"我们哥仨一起排练,我不单台词准,神儿、相儿都模仿着大哥。他俩都说:"行。是这个意思。今儿晚上就来这段儿。"大哥又强调说:"忘词儿不要紧,有我和佩茹哥,你还怕什么?最好不忘词儿!"

吃了晚饭,我把脸和脖子洗得干干净净,妈妈又给我擦了雪花膏。正逢冬季,我穿着棉裤棉袄,外罩一件小夹袍。我随两个哥哥走到了"小梨园"。到后台,见过了师大爷、师叔后,我们哥仨找旮旯又对了一遍词。大哥嘱咐我说:"不许乱跑,坐那儿好好想台词。"大哥不让我看节目,说要养神。也不让我吃零食,说嘴里不能有障碍物。临上场又让我用热手巾擦把脸,说是得台上有精神。我默默地想词,静静地候场。

那时候没有报幕的,场上的演员下台后,检场人搬上桌子,摆上醒木、手绢、扇子,系上桌围子。桌围子上绣着两位哥哥的名字。

当我要上场时,心好像提到嗓子眼儿了,铃声一响我随着两个哥哥上场,观众掌声又加议论声。观众呼喊"好蘑菇",又添上一句"好小孩儿",我的紧张心情此时倒平静下来了。整个节目表演时,观众一直是笑声、掌声没断。因为我不懂表演,傻乎乎地背词,正符合我所演的"徒弟"这个人物的需要,我最后一句台词引起台下巨大的笑声。

两个哥哥走下台,我身上像卸下个大包袱似的也忙往后台跑。大哥叫住了我,"先别跑!"我一想他们鞠躬我怎么忘了,"哦!忘记鞠躬啦!"我转身一鞠躬,观众又一阵笑声,是观众的笑声和掌声,把我送进了后台。后台的老一辈们有的亲亲我,有的抱住我说:"常家又一个蘑菇出世啦!"大哥鼓励地说:"演得蛮好!"他细看我下身,再一摸我的裤腿都湿了!"你尿啦!"

时隔八十多年了,每当我在写作、演出时,还时不时地想起第一次上台的情景。

第一章 春

我上堂会演出

过去看节目的形式是多种多样的。比如说，你在一个开阔的地方可以演出；另外卖艺的，走街串巷，人群围着看也是演出；再有一种就是小剧场，到小剧场算是比较正式的演出。这些都是演出的形式。

旧时还有一种形式，是有钱、有势、有权的人把演员请到家里，给他们全家或者是亲戚朋友来演出。这种样式叫什么呢？叫走堂会。说老实话，走堂会也就是那些贫苦的艺人伺候那些有钱人，童年时我就上过堂会。我没记错的话，那时我就十一二岁吧，我的三哥比我长几岁，我们两个人就去堂会演出。

我们说相声必须有个桌子，穿着大褂，我在桌子右边，他在桌子左边。这个桌子摆在哪儿了，我们就知道我们站的位置，在那说相声。这一次我们上堂会，这家人摆放的那个桌子，它摆好的地方，我们就很奇怪。奇怪什么呢？

这个院子相当地大，夏天有很多花、草，还养了金鱼，这一盆花不知道比人要高多少。可是人并不多。桌子摆好了,我们两个人就走到了台前,台前就是那张桌子了。往那儿一站,我当时就很奇怪,冲着个门,这门有个大门帘子。什么帘子?就是竹帘子。于是我们就开说相声。

当时也不敢说什么,后来我就嘀咕,我说:"我们演出是在桌子前边,但是我们这儿看前边就是一个竹帘子,这没有观众啊。"当即竹帘子里传来说话声,他们说了一句很不好听的话:"让你在哪演你就在哪演。"后来我才明白,原来屋里是有人。在哪呢?在房间里边,那个老爷和太太一边抽鸦片、一边听我们说相声。

慈禧太后有垂帘听政一事,而我就遇见了一个垂帘听相声。这次堂会演出,我们看不到观众,也听不到掌声。旧时这些人实际上对我们说相声的很不尊重,他们的做法是对我们的一种侮辱,他们把我们当成下等人。打那我发誓,以后再有走堂会的事,我根本一律谢绝,不去。可有一样,那时走堂会赚钱多。这是一。第二,我父亲统管我们,让你演你就演,人家给多少钱我们都不知道,给父亲了。

所以说,我们就是只能够默许自己失去了人格。这就是旧社会时我走堂会的一个悲剧。

我要上学

幼年，理想、未来什么的都不懂，只知依偎在妈妈身边是最大的幸福，和胡同里的同龄人跳房子、下象棋、看小人书是最大的乐趣。

我看大哥每天背词、排练，奔波上电台、赶剧场演出，才使我懂得要学本事、长能耐、赚钱吃饭、养活母亲。那些像我这样年龄的人每天上学，有时他们在胡同玩儿，拿课本念给我听，拿出铅笔盒让我看……对我吸引力都很大。

记得大哥曾看着妈妈问我："你都快七岁了，也该学点儿什么了，你喜欢学什么呢？"当时我一点没犹豫，一字一句地说："我要上学。"说完就瞧妈妈和大哥微笑着，默默无语。

我心想，我说错了吗？当问我喜欢什么时，在我脑海里立刻闪现出我的同龄人，手提或肩挎着书包上下学的情景。他们不是都能上学吗，怎么到我这儿它就成新鲜事了？今天回想起来的确是新鲜，我们老常家的祖辈儿我不清楚，但是从父辈儿到我们哥儿几个都是幼年失学。"上学"这个字眼儿怎么能不新鲜呢!

当时我就听大哥嘴里蹦出一个字——"好",可大哥眼圈儿都红了。至今回忆大哥说出"好"这个字时,包含着生活的辛酸、童年的遗憾、学艺的艰难,还有对我未来的期盼。大哥对着侯一尘说:"侯叔,您受累,给老四(宝华)在附近找个学校吧。"相声老艺人侯一尘当时是上下能通气儿,左右会办事的人。他是能熟到见法国巡捕互相点点头,上电车不用打票的主儿,找个学校还不是小菜一碟儿。侯先生对我大哥说:"宝堃,忙你的,这事交我了。"

左起:常宝华、常宝霖、常连安、常宝堃、常宝霆

第一章 春

我一定好好上学

还没给我送到学校开始上课,大哥已经给我买了书包和木质的铅笔盒。我马上把小书包抱到怀里,爱得不得了。我打开铅笔盒一看,铅笔、笔刀、橡皮、小尺子,都是我看见过的。可那是人家的,只有心中向往,现在为自己拥有,可想我爱惜的心情。妈妈高兴地说:"还不快谢谢大哥!"我深深地体会了大哥对我的疼爱。无论是吃、穿,买零食、玩具、新衣服……回忆起当年,更重要的是看演出、见世面、教我如何处事待人等等。

我面前的大哥是个既善良又很有威严,非常了不起的人物。细算大哥才比我大九岁半,当年只有不足二十岁。我站起身给大哥深鞠了个躬,大哥给的何止是文具,它包含着希望、向往、鞭策和鼓励。可那时候我哪懂这些,我只说了一句"我一定好好上学",大哥还夸我"真懂事"。

买了文具、书包才两天,侯一尘叔叔就给我领到一个叫志诚小学的学校。和现在怎么能同日而语,只有一间大屋能坐三十几个小朋友,一个院子做做操,还得有人在屋里。当天给我排在前桌,又发我课本、作文本、大方格纸、红模子(练毛笔用的)。我视为至宝,拿回家让妈妈看,让大哥看,有时拿出门让邻居小朋友看。北京话叫"显摆",可以说我从小至今,一直最爱的还是纸笔文具。

虽然我说不清道不明的,可是我在学习实践中证实了,我一定好好上学的诺言。无论语文默写、算术加法、红模子大仿,门门优秀。尤其毛笔字很快就脱离了红模子,照柳帖写字,还把我写好的大字贴黑板上让同学看。后来同学写的大仿字,老师叫我用红笔给同学画圈、打叉。

我记得语文课第一课(那时候叫国语)学的是:"小小猫,跳跳跳,小狗叫……小孩子哈哈笑……"

日复一日,早睡早起,我好好学习、天天向上,也渐渐成熟许多。课余时我帮妈妈刷锅洗碗,收拾房间,把院子扫得干干净净。干完活,我就拿起课本复习。我上学只有八个月,父亲一封家信像翻了天似的,使我中止了学业。这件事成了我的终生遗憾。

李滨声画

我失学了

任何社会总是以家庭为中心,家庭以家长为中心。作为家长,要符合时代的要求,讲民主自由,一切从实际出发,才有新时代家庭的特征和氛围。然而我家却有封建家庭的烙印。再有,我家是满族,父亲出生于北京,是正白旗后代。旗人规矩多,我们都是子尊父命听话的孩子。

原来父亲带二哥、三哥上电台赶剧场演出,1937年至1938年间,有热心观众的赞助,父亲在西单商场开设了"启明茶社"。早晚卖票,有曲艺专场演出,除了相声受欢迎,其它曲艺种类都很冷落。有人提议不如改成相声专场,卖票改成零打钱。

改成相声专场后,说相声的人手不够,于是父亲就决定让我也到北京学习和表演相声。父亲写来一封信,这封信的意思很清楚,叫我到北京学相声。学好了,添个赚钱的。

父亲一句话怎敢不服从。大哥对父母是言听计从。妈妈老实忠厚,宽容善良一辈子,虽然非常疼爱我,也是无计可施。大哥这么珍视我上学的成绩,可也是无可奈何。当我知道这个事后，开始当然还不懂得文化知识的学习对个人的未来前程的影响，可我毕竟对文化学习产生了浓浓的兴趣，学习成绩也是显而易见。我舍不得学校，舍不得课本，舍不得同学，一句话，我舍不得脱离文化学习。当时我脑子一团糟。

我怎么去北京？妈妈不能送我，大哥一天忙到晚，只有这边儿送那头儿接，打车票一个人去北京。

临走我告别了老师，他很奇怪，告别了同学，他们也奇怪，上学的年龄怎么退学了？连我都奇怪！走的前一晚，捂上被子我哭了。

第二天，大哥把我送上火车托付给列车员。当火车一启动，我看着大哥在窗外向我边招手边擦眼泪，我在火车上已经哭成泪人了。

我记得以后的日子里，我大哥曾经是答应过我，他说："（我在家排行老四）老四，等我抗美援朝回来，我保证让你上大学。"我的哥哥这么说，可是他没上过学，我也没上过学。后来我想，哪有说我哥哥花钱就能让我可以上大学了。我没有小学和中学的履历，怎么能上大学呢？可是那时候我们根本就不懂。

至今我觉得我没有按部就班地上学，是我一生最大的遗憾。如果对此作为一个弥补，解决了我这个遗憾，那就是我稍微大一点，二十多岁时，我到了人民解放军这样一个大学校。我觉得两个学校都教育了我，一个是社会学校，一个是解放军学校，哺育了我。

常氏三代相声人

常连安（右一）在教子女学戏

（他说："唱戏作艺要美，要让人爱看，表演上最讲究手、眼、身、步、法。"自从常连安改说相声后，非常希望把"常氏相声"一代一代地传下去。1967年他在弥留之际留下遗书写道："要把新旧社会比一比，'常氏家族'的第二代、第三代想一想，要对新社会尽些什么责任？怎样才能对得起党的培养？"）

八岁时我踏上北平的土地

我的童年,是我妈妈带着我和大哥在天津,从小我就没有离开妈妈一步。后来呢,我的父亲在北京,他开了一个过去叫相声场子的"相声大会"。当时人手不够,父亲就把我从天津叫到北京。那年我多大岁数呢?那年1937年,我还不满八岁。开启了我的一种新生活。

我的父亲一封信,就让我从天津一个人坐火车坐到北京,从此,我踏上了北平的土地。干什么?父亲让我学徒,学什么?学相声。我父亲的思想是,你干也得干,不干也得干。就这样,我就在地处西单商场的"启明茶社",从童年学艺开始,一直学相声说相声,一直干到解放。我参军后到退休,我干了八十多年,我是一名干了一辈子的相声演员。

那时候我是不情愿的。说实在的,小时候我不懂应该干什么,但我知道我喜欢什么。我就知道跟我一起玩耍的

童年朋友，他们都是挎着书包，那时候有铅笔盒、铅笔、刀子、橡皮、书本，我看完我好羡慕。我真想跟他们一样，挎着书包上学。可是，我仅仅八岁，从八岁就学徒说相声了。

因为和父亲要求上学读书，我挨了打。为什么呢？父亲把我带到厨房，指着面口袋说，家里这么多人每天要吃饭，你不去挣钱谁去挣呢？旧社会，女孩子或女人家一般都不在外边工作的。所以我们常家的家规是男孩子学说相声，女孩子则送去培养上学读书。

从小在我心中就有这个很大的遗憾，我的童年那些伙伴们，他们都上学了。有的上大学，有的还做了一些很好的工作。怎么说呢？正因为他们有文化都能高就，就唯独我说相声，可是我改不了自己的命运啊。

说实在的，从小我就学相声说相声，在我印象里最深的感触，学这个相声啊是很苦的。因为相声呢，有很多很连贯的词，必须把他背下去才可以。可以说，这个贯口的相声我会的还是不少。

到了二十三岁的时候，我们国家已经解放了，我参加了中国人民解放军，仍然是在从事相声事业工作。

幼年挨打的印象

说到小时候挨打,先从幼年跟父亲学京戏时在家就挨打,后来到富连成速成科班学戏时也挨打。父亲他把"不打,学不出本事"作为信条。

再有,旧时父亲是被写了字据,签字画押由一个戏曲艺人家收做徒弟。就相当卖给人家了,死活我家里都不管了。他住在师父家,一边跟着师父学戏,一边给师父家干杂活,打骂都在师父了。

那时候学戏叫"打戏",所以父亲的学戏生涯就是从"打戏"开始的。"打戏"是每个梨园行艺人们刻苦铭心的记忆。除了学艺挨打,给师父家干活干不好了也挨打。

我们哥四个除了大哥聪明能不挨打,我二哥对相声不是出自内心的喜爱,嘴再笨点儿,没少挨打。我和三哥相对讲脑子灵点儿,学艺挨打不多,但因为淘气也没躲过挨打。

我们小时候没享受过孩子应该享受的乐趣,比如大人带着逛逛公园、庙会,或是玩玩放风筝、抖空竹等等,这些对我们都是不敢想的奢望。

第一章 春

每天很早父亲就叫起床，我们就练基本功、背贯口、对词排练。午饭后上启明茶社，打扫前后台的卫生。两点多钟一开场，直到晚上十一点多才能回家。每逢节假日特别是春节前后，早饭后十点多钟上启明收拾一下前后台，不少观众已经陆续进场了。直到忙乎到散场，观众还依依不愿退场。每个演员都得演个十段八段节目，钱是赚了，可也累得够呛。

平时我和三哥没的玩儿，闲时只有在院子里追着玩儿。小时候，三哥身体不如我，他追不上我。有一次跑了几圈，眼看着要追上我了，夏天院子里老放把藤椅，我用椅子一阻挡，他狠狠地摔在地上，腿破了点儿皮。

现在看来，两个孩子闹着玩儿受点伤在所难免。可在父亲眼里却成了大事，他说："幸亏腿磕破了！要是脸磕破了再落个小伤疤，可怎么上台啊？"我说下回注意，也就算了。没想到，说完他立刻把我叫到北屋，我又要挨打了。

北屋墙上总挂着一个专门打我们的一个大竹板子。这回不多，一人两板，一板子打下去，小屁股不说皮开肉绽也会肿起老高。

我认为"棒打出孝子"是谬论。只能说这是封建社会的遗毒。至今我已年过古稀儿孙满堂，他们都很孝敬老人。可是在他们小时候，我从没碰过他们一个手指头。我要对年轻的父母说，（包括老师）对孩子要理解、宽容、多看看优点，加以肯定和表扬。即便犯错也要以理服人，不要给孩子的心灵深处留下难以磨灭的阴影。

对小人书的情怀

关于这个小人书的话题我是最喜欢的。为什么呢？我小时候没有太多的上学经历，但是我读书上学的八个月的学历，使我养成了爱读书的习惯。我特别喜欢阅读小人书，对于连环图画的小人书很感兴趣。过去那个时候小人书可以租着看也可以买回家。对于我来说，大部分都是租来看的，买它多贵啊。我爱读小人书，喜欢里面的图画，那时候看完了书，我可以是过目不忘吧。

我从小人书里边也学了很多历史的知识，许多讲述古代那时候人物故事的小人书我都看过。看到什么程度呢？看到我喜欢书中的画，这些画是谁画的，作者的名字我都能记住。有几位画家我特别喜欢他们的绘画。我喜欢的小人书仅有那么几本，我曾反复地看。头些年家里边还留存着一些，现在都没有了。由于没有上学的经历，我还有一个爱好就是喜欢铅笔盒、橡皮等学习用具。

我喜欢看小人书，为此还闹过笑话呢。我和老伴17岁结婚，那时候就因为入洞房了我还看小人书，结果我和老伴

第一章 春

打起来了。这件事大家听着可能新鲜吧。这是因为我们不是自己认识的,不是恋爱结合而成的,而是奉双方父母之命媒妁之言。

入洞房的时候她是十几岁的孩子,我也是十几岁的孩子。记得那天睡觉前我还在看小人书。她有灯光亮睡不着,而我是没灯光看不见书不行,就因为这个事情,我俩打起来了。打架和吵闹声惊动了家里大人,我父亲从屋里就出来了,他说:"听你们吵闹,这多新鲜啊,哪有说入洞房第一天就打起来了呢,赶快回去睡觉去。"我俩人老老实实把灯关上睡觉了。

那时候,我真是对小人书看到着了迷。也许是上不了学了,就从小人书中学点东西吧。

年轻时代的常宝华夫妇

"启明茶社"二三事

一

1937年我还很小,我父亲和二哥在北京,自父亲改说相声日渐有了名气。有位商人就对我父亲说:"你们怎么不自己搞一个剧场演出啊?"我父亲说:"您说得太容易了,我们哪有那么多钱呢?"那人说:"这么着,我有块地方你们看合适不合适,而且这块地方你们要赚了钱是你们的,要是不赚钱或者赔钱了,是我的事。怎么样?"您看这观众多热心啊!

我父亲一听很高兴,那我们还能不干吗?那么是哪个地方呢?西单商场有一个空地,实际上这是西单商场一个商店的仓库,乱七八糟什么都有,那个面积大概有这么两百多平方米。结果我们就用三合板,有的结实一点的用的是六合板,经过整治、规整后,就盖成了一个曲艺小剧场,是一处矮房,屋间不很宽裕,光线很暗,全靠房顶一个天窗透光。剧场有一偏门,是供听众进出用的。门前挂着横匾,红底黑字"启

明茶社",这个名称是后来我们起的。门口立两块木牌,左面写着"零打钱",右面写着"文明相声"。

剧场内有一排排木椅,后面有木板桌,放壶碗可以喝茶。见方的面积,可坐不足两百人(后来拓宽后可坐三百多人)。有个上下不太高、三米左右的小舞台,舞台顶端有一排彩灯,一个个木牌上红底白字写着演员的名字。舞台后方靠墙处,摆着一排椅子,并有一溜桌子放茶壶、茶碗,立着四个木牌,有西内二区警察局席、总兵十九团席等,这是当时必须设立的,叫"弹压席"。

我认为,启明茶社之所以不被人们遗忘,它的创新就是"文明相声"和"零打钱"。"文明相声"是启明茶社从一成立就树立的正能量的演出宗旨,它杜绝过去艺人为了生存,养家糊口,以浑口、脏话博得观众一笑的情况。什么是"零打钱"呢?这也是个改革的新措施,就是观众可以听多少给多少钱,不喜欢可以随时走。

以上这些情况可能使一些老观众引起怀旧之情,从摆地摊相声到现在相声走出国门仍受中外群众爱戴。我希望专业或业余相声演员能了解,相声能有今天,是上百年一代又一代老前辈相声演员呕心沥血,不断改进、革新、创作,发展延续而取得的。

二

我去北京正是1937年"七七事变"爆发后,治安混乱、物价暴涨、民不聊生，人们忧郁的心情无处可宣泄，听听相声一笑解千愁。我们给剧场就起名叫"启明茶社"了。

开始的时候，我记得启明茶社隔壁是任记饭馆，对面有烟酒水果摊位，掌柜留两撇黑胡子，叫王五。这里还有卖茶、喝茶的，邻居净是些卖豆腐脑、烧饼、荷叶粥一类的小吃摊位。

当时这里的表演有相声、有双簧等，后来有人就对我父亲说了："你看还是相声受欢迎，其他的恐怕不行，你何不来个相声大会啊。"这样就启发了我父亲，后来我父亲就搞相声大会，一说搞相声大会他很缺人啊，自己人也可以来干，他就想起孩子来了，得了，让老四、老三，让他们都干这个行当吧。那时候我仅仅八岁，我还在妈妈身边呢。我父亲一封信就从天津给我叫到北京，从此我就揭开新的生活，学徒说相声。

启明茶社刚开始的时候，人气儿兴旺，用当时的话说："庙小尽搂大神仙。"除了一般市民，富有人家，文化层次高的先生、女士们，都带子女到"启明"听相声，还有文艺界名流也时常光临。如：绘画大师于非阁的弟子田世光先生，京剧界金少山、荀慧生、言少朋、言小刚、马富禄等，电影界王元龙、白光、欧阳莎菲、朱莎、韩兰根、殷秀岑、关宏达等，谢添导演也是启明茶社的常客。台湾的吴兆南就是时常到启明听相声，他记忆力好，所以在台湾也说了多年相声。香港电影界导演李翰祥从东北到北京，经常去启明茶社，他曾和我说，听相声《偷论》节目后，经过内容充实后改编了

《骗术奇谈》并编导了电视剧一百集。东北相声演员金炳昶，北京的李文华、马季这些名家都曾到启明茶社学习。有人说启明茶社的观众培养了一大批相声演员，所以又称启明茶社为"相声学府"。的确，启明茶社初期就二十多人，老艺人比较多，慢慢地就把年轻演员给吸收进去了。细水长流，时间很长，从开业到关张大概长达十年之久，培育了老老少少前后七十多个相声演员，这些人的名字我还能记不少。

三

我记得父亲常连安和老一辈相声演员张寿臣、郭荣启、赵霭如等人，就在这个茶社里表演相声段子。表演时间一天分两场，早十点到下午二点；下午四点到晚十点。除老一辈演员外，还有我们这些小字辈的学艺相声演员做垫场表演。我记得像王长友的儿子叫王文林，还有些老一辈的子孙也都在此演出。像我和二哥、三哥也是启明茶社培育起来的。

我父亲常连安每次登上舞台，在没说段子之前，常常郑重而又严肃地向观众说："我是蘑菇团的团长，蘑菇团有小蘑菇、二蘑菇、三蘑菇、四蘑菇等。"

我家在北京住在西单牌楼达智营二十六号，距离西单启明茶社不远。

我在启明茶社的日程表：

早晨7：30，父亲叫我起床，洗漱后吃早餐：馒头、稀粥、咸菜。

8：00至11：00，练习基本功、喊嗓子、练竹板、背贯口、练吐词咬字、排节目。

11：30，吃午饭，大多时吃面，冬天热汤面，夏天麻酱面。

12：30，去启明茶社扫地，擦桌椅，去后台打扫卫生。

下午2：00，演出开场，听相声、打钱、学相声（我九岁时才开始演出）。

晚上6：30，在后台吃饭（开始是我回家取饭，后来改为苏文茂取饭）。

晚饭后，听相声、学相声、演相声和"打钱"。

"打钱"，就是台上说完一段相声后，我就端着小笸箩走下台来收钱。先要看准每个观众的身份。对于一般的观众，笸箩端到他跟前，怎么也得给个大子儿，遇上出手大方些的，能多给俩儿的。如果看到是个不正经的人，就不找他要钱了。闹不好他"翻"了脸，不但不给钱，还会砸了场子。

晚上11：00，回家休息。

第一章 春

"零打钱"是改革的新措施，
就是观众可以听多少给多少钱（李滨声画）

前排左起：侯宝林、殷秀琴、常宝堃
后排左起：常宝华、马三立、韩兰根、关宏达、赵佩茹、常宝霆

学海无涯苦作舟

八岁到十八岁（1938年至1948年），我在西单商场的启明茶社学相声和说相声。真是"十年寒台，嘴唇磨光"。

幼年的我就好似陷入了相声的漩涡中。因为在演艺圈的大海里演员也是鱼龙混杂，要成为好演员如同大浪淘沙。我没有选择，只有好好学艺。

从此我每天清晨，向两个哥哥学贯口、练绕口令、念台词、朗诵诗、练竹板、喊嗓子、练习吐词咬字，这些要经过全方位的训练，因为都是相声基本功的内容，是功夫中的重中之重。当时我二哥常宝霖的"报菜名"灌到唱片后很出名。他教我相声贯口的气口、节奏、速度、语气、声音等相当复杂的知识。我每天练到中午吃午饭后，我们

第一章 春

就去启明茶社。到那儿先是扫场地、擦桌椅,然后收拾前后台卫生,再去打开水。随着午后一点多钟,演员打竹板唱一段,观众就先后纷纷进场了。这是一天的开始,直到晚上十点多钟才散场。

我初来乍到算学徒,除了干劳动活儿,演员演完一段儿节目,我得去收钱。我主要是在台下听相声,在后台向前辈们学相声。我不到一个月就学会了两三段儿,但是和上台表演的差距还离得很远。我眼看着三哥上了台,而且挣了钱。

父亲时常对我说:"你的三哥可都挣钱了,就看你的了。光贪玩可不行,得长能耐;你长能耐了,那个大虾仁才能往你的嘴里蹦。"父亲知道我爱吃虾仁,就总说这句话。还有就是"只有苦中苦才能甜上甜,要想人前显贵,必须得背地受罪"等。这些话我听得太多了。我幼小心灵也有委屈,我每天练功、背词儿、排练。一天到晚,做到的、看到的、听到的都没有离开相声。我正是孩儿时,没玩过玩具,没有游泳啊、打球啊、钓鱼啊、放风筝,这些我都没有接触过。

因为和父亲说"我想上学",我挨了父亲的打。父亲把我拉到厨房说:"家里这么多人,每天吃半袋面,你不挣钱,谁去挣……"我学艺后这事总浮现在脑海里。所以为了赚钱让全家人吃饭,我只能忍气吞声,默默地学相声、好好地说相声了。别人上台表演,我用心听,牢牢记词。我记得，幼年的我连说梦话都是"吃葡萄不吐葡萄皮儿……"

为了让大人给自己上台的机会，我是学了一段儿又一段儿，再请老一辈带着演出。但是也只有开场或者是饭口空档的时候，我可以演一小段儿。勤学苦练一年之久后，我才算登上了启明茶社的小舞台，尽管当时我还是一个不满十岁的孩子。

在学艺的道路上，我的压力非常大、非常重。主要是来自三个方面。首先是父亲，我们弟兄四个都是从事相声的，可他从来都没有夸奖过我；当时大哥常宝堃在天津兄弟剧团说相声又演戏，可以说"小蘑菇"名噪津门家喻户晓；二哥常宝霖功底扎实，善于贯口，他演的"报菜名"等十多个节目都是观众经常点播的；三哥常宝霆虽然比我年长一岁，但是他天资比我强，他们演的"闹公堂"等节目，又说又唱很受欢迎；而我呢，只学会一些别人早已演过的节目。

除了家里的压力，我记得不能登台参加演出的压力更大。那时候每天下午三到五点，晚上七至九点，相声场子内座无虚席。有实力的演员在后台节目谁接谁，演什么节目，早已经安排好了次序。后台有张传统相声节目表，上面写有五百多个段子（包括单口相声），一般演员表演几十段，才能应付每日轮流演出的需要。

演出虽然没有明确的标准，但是对演员也有具体的要

第一章 春

求：台词不熟的不能演；嘴上功夫不够的不能演；脸上表情不准的不能演，演不出滋味儿的不能演；包袱不响即观众不笑的也不能演。

当时有几个孩子包括我，都愿意找余俊坡老先生，让他带着我们在台上表演。我们有演得不到之处时，他会暗示或明说："我耳朵不好啊，你说慢点，我没听清楚，你再说一遍。"不是捧哏，是他感觉观众没听清，暗示再说一遍。有的包袱不响（即观众不笑），他会翻响、逗响、捅响。

我勤学苦练，虽然也能演点儿小的段子了，但是在观众爆满的情况下，是绝不会让我演出的。因为我与老演员无法比，和一些同龄人的表演相比也有差距。比如说我刚一上台，如果观众站起来就走了，不仅个人闹得下不了台，更严重的是会影响剧场的收入。

所以说，观众欢迎不欢迎你，这种压力最大。它既是压力，又是动力。可以说，这种压力和动力，一直伴随着我。我只有拼命地学习，努力地追赶大家。为了有开场一日，老相声演员的西河大鼓我学了弹三弦儿；为反串京戏"打面缸"，我学会了打击乐和吹唢呐。

我苦练了一年之久，能在开个场、填个空、补个缺时露露脸了。我每天不停地演，轮换着演。每天每人要演十多个节目，只有会上几段儿节目，才不至于重复。最后我才慢慢地适应了演出的需要。

我十一岁就和三哥常宝霆拍了两部电影。一部是时装片《锦绣歌城》，还有戏剧片《花田八错》。尤其是《锦绣歌城》，我父亲带着我和三哥演的是主角。电影一放映就轰动了北京。当时两三个影院，演完电影后都要加演我们父子三人的相声，红极一时。

　　我和三哥后来又拍演了带化妆的《影迷离婚记》，这是大哥"小蘑菇"亲自导演的节目，他特地从天津赶到北京为我们导演，又设计服装和化妆。这在当时的相声表演上，确实是个创新和突破。在启明茶社相声演出前贴上海报："小蘑菇"亲自导演。当时我们演出的时候效果相当强烈，轰动京城。

旧京一景（李滨声画）

第一章 春

2017年4月7日，李滨声忆写"启明茶社"

"启明茶社"的创新

有关启明茶社早年的事儿现在说是属于老话了。但我为什么还要说启明茶社的老话呢？是想让年轻人了解一下这些久远的但是又看得见、摸得着的相声文化。

启明茶社是老北京比较早的"相声大会"，是专门说相声的场子。它曾改变了我的家庭生活，也改变了我的命运。在这里演绎出了一幕幕人间的悲喜剧目。

它创办于1938年，至1948年歇业，前后十年，名震京城。它是北京文明相声的发源地，也是老一辈著名相声演员的"摇篮"。

当年京津两地的曲艺界走得很近。1937年的春天，有位老观众对我父亲常连安说："你们一家子都说相声，为什么不自己挑个班，弄个园子？"父亲说："我们变戏法儿说相声的，哪有钱呀？"这位观众说："我能替你们找个地方，在西单商场里面有块空地。你们要是看着行，我就把它租下来。"

第一章 春

那会儿，侯宝林和他师傅"大面包"在西单商场北边撂地表演，1936年西单商场着了把大火，几乎全场烧光，他们便奔了庙会，以后又去了天津。西单商场当时是一个个摊位和门脸儿组成的"商业街"，里头有"厚德""福寿""慧德""玉德"等几个有名的商铺。那时候经过大火后，西单商场的商家正要聚人气儿，所以我父亲去那创办相声场子，也应了天时地利这个需求。

我父亲看这个老观众给他找的这地方，撑死了能坐一百号人，开个园子太小。合计了一下，干脆改叫"茶社"吧。起什么名儿呢？父亲想了想，北京没有这么个杂耍园子，咱们打头开始，就叫启明茶社吧。

启明茶社开张以后，开始是以曲艺为主，有魏喜奎、曹宝禄、郭荣山、韩承先的大鼓、双簧，还有我二哥"二蘑菇"、三哥"三蘑菇"的相声等在撑台演出，但生意不是很红火。父亲常连安说，这么下去不行，总赔钱不是个事儿。他和投资人商量后说，干脆就都改为说相声吧，因为在那里表演杂耍等节目还是不如相声受欢迎。

1938年起，启明茶社改成了相声大会，专门表演相声。当时印象最深的是启明茶社门口有三块牌子："文明相声""相声大会"及"零打钱"。零打钱就是听多少给多少钱。后来发展到卖牌，两块钱给五个牌，一个牌听一段相声。这在当时的曲艺界都属创新突破之举。

20世纪30年代末的时候，我国的相声表演基本上有两种形式。有一种是在剧场演出，如张寿臣、陶湘儒、侯宝林、郭启儒、常宝堃、赵佩茹、戴少甫、于俊坡等表演者，他们都走向了舞台，在上面表演的是剔除了低俗，达到雅俗共赏和妇孺皆宜的节目。但是呢，这些人必然是凤毛麟角，绝大多数的艺人呢，还是"平地抠饼"撂地演出，遇到天气和气候影响，就是"刮风减半，下雨皆无"的情景。

"撂地"演出就是在集市上和庙会处租一小儿块场地。四周围笼上一些长条儿板凳，演员相对在场中间表演，说一段相声向观众要一次钱。有时这些地方呢，还阻拦妇女和孩子观看，因为他们除了演传统的相声外，也有一些黄色的或者是内容比较荤的笑话。而启明茶社从成立就提倡文明相声，不说"臭活"。也有一种被称作是"画锅"（没有场地）串妓院演出的艺人。

启明茶社的特点有"三多"。

一是演员多，十年左右的时间，有六十多位相声演员在这说过相声，轮流上场，最多的一天有二十多位。

二是名演员多，老一辈著名相声演员，如张寿臣、华子元、赵霭如、李宝奇、郭全宝、罗荣寿、刘德智、于俊波、刘宪田、王长友、吉平三、郭荣山、王世臣、刘宝瑞、郭荣启、班德贵、白全福、谭伯儒、孙玉奎、苏文茂、于世德、关春山、赵振铎、高德元、李伯祥、马四立、李寿增、常连安、常宝霖、常宝霆等都在这里说过相声。

三是名段多，所谓名段是指这个段子只有某个演员说得

最拿手,观众最爱听。比如当时的华子元说的名段子《戏迷传》,学龚云普的老旦唱腔真是惟妙惟肖;张寿臣等演出的《扒马褂》《小神仙》,有的观众听得入神了,都误以为演员真的争吵起来了;常连安的《王宝钏》《山东斗法》,刘桂田学京剧麟派的《斩经堂》,有说有唱激发人们爱国的内容和情操;马桂元的《贼鬼夺刀》、郭荣启的《打牌论》、刘宝瑞的《假行家》、赵霭如的《拉洋片》等节目,都是观众百听不厌、经常点的一些节目。至于我二哥常宝霖的《报菜名》,内外行公认是最有功力的贯口。

这里边儿真是人才济济、节目丰富、内容健康、表演精彩,吸引一大批当时的学者、名流、文人墨客等光顾。观众单点这些段子,是要单给钱呢。

茶社最初是两百平方米,后来扩大到四百平方米,演出从下午一点到凌晨一点,每天演出都满座儿。赶上过节,观众爆棚,没座儿站着听。启明的相声大会,促进了北京相声艺术的发展,培养了北京人的相声欣赏水平,同时也培养了一大批艺术人才。在20世纪三四十年代,启明茶社在京城几乎家喻户晓,喜好相声的老北京人没去过这里的不多。

新中国成立以后,启明茶社随着西单商场的改扩建和相声演员的归队而销声匿迹。但是启明茶社在老北京人心中的印象并没有磨灭。那年到美国访问演出,一位在海外定居多年的"老北京"还和我打听启明茶社呢,可见老百姓并没有忘掉它啊。

解释一下"小安堂"

李滨声作画《启明茶社》

李滨声为这本书画的"启明茶社"插图,为什么有"小安堂"三个字,我要解释一下。

启明茶社我就不用多解释了,它是那时候我们家在西单

商场开的一个说相声的小园子，现在就叫小剧场吧。

启明茶社舞台背后画了一个老寿星，大奔儿头、大脑袋，有时候相声演的《八大吉祥》老提这一句，其实是从启明茶社开始产生的。"小安堂"是我父亲当时开的一个药铺，他为什么要开药铺，怎么有"小安堂"三个字，我从这个奔儿头、大脑袋就可以解释出来。

实际上启明茶社舞台背板是一个"大同药房"的广告宣传，于是画了个奔儿头、大脑袋，宣传售卖的药叫"寿星牌"生乳灵。因为这个卖药的老板跟我父亲是很要好的朋友，就跟我父亲说："我支持你，你也开一个小药房吧！"我父亲推辞说："我不懂啊。"药店的老板说："没关系，我告诉你，你就卖成药就行了。"就这样我父亲也开了一个药铺，叫做"小安堂"。虽然说开药铺没有赚什么钱，但是从里边也得到很多的知识。

出演电影《锦绣歌城》

解放前我才十一岁,上海来了一位电影导演他叫王元龙,号称"银坛霸王",应该说在上海是家喻户晓的。可是解放前的时候,就是那么一个大导演,生活也没有着落。因为我父亲当时带着我哥哥,说相声比较有名望,他就从上海到北京来找我父亲,我记得当时正赶上冬季。我父亲一看大导演,就把一个皮袄给他,说:"你穿吧。"那人说:"这算怎么回事呢,我给您穿脏了。"我父亲接着又说:"什么穿脏了,这穿上就算你的了。"

后来一个巧合,有人写了个电影剧本《锦绣歌城》,剧本故事写的是两个农民的孩子。他们从农村到大城市北京找爸爸,城里世面太大他们就糊涂了,无论走到哪儿都问问他们的爸爸在哪,但是走到哪也没找到他们的爸爸。两个人也是走投无路,就一路地打听。总之,是两个农村小孩热爱京剧进京看戏,并寻找在大宅门当差的父亲,搞出许多笑料的喜剧电影。

第一章 春

导演王元龙对父亲说，干脆就让你们家这俩小子常宝霆、常宝华来演吧，让他们演农民的两个孩子。电影里都是农民的生活，这两个孩子从来没有在大城市待过，所以都是陌生的，有很多情节就会构成了笑话。

电影的结尾，最终两个孩子找到了爸爸。原来他爸爸其实是在给有钱的人家当佣人。孩子的爸爸看到这两个孩子后，说："这俩孩子确实是我的，让他们进来吧。"

影视里我们演的情景是，进去后正赶上这家有钱人全家在吃饭。等他们吃完了，我们饰演的这俩孩子还没吃。为什么呢？有钱人家的很多食物，孩子们都没吃过，看见什么都新鲜。后来有人就把胖海参让孩子们吃，俩小孩看了很害怕，以为是大虫子呢，就把那胖海参给拨到碟子里边。拨到碟子里边孩子怎么吃也吃不着，因为它太滑不好夹起来，吃不着的话就看着海参在碟子里边。总之是一个喜剧的故事。

说实在的，在那个时候这个电影确实有观众，跟现在一样，很多人看见明星就了不得了。可是那时候不讲签名也不讲照相，可能我们还小，怎么会签名呀，也不可能与别人一起照相啊。但那时我家里门口外，每天老有一些孩子在等着。等什么？等我们出来看看我们，可见这个电影它影响比较好，很叫座。

电影演出后，王元龙就很喜欢我，他说："我太喜欢老四了（我排行老四），得了，你算我的干儿子吧。"后来，

"银坛霸王"王元龙就是我的干爹了。解放以后王元龙又回到了上海。

当时这个影片放映之后,可以说在北京轰动比较大。为什么?因为有我大哥、三哥还有我和我的父亲。我跟我三哥是主演,所以电影院经理都很聪明,他们采取放了这部电影,就再让我们三个人露露面,说一段三个人的相声,这样影院就火起来了。

结果这一招一试不要紧,这个电影院的经理找我们去演,那个电影院的经理也找,就是演电影后再加场让我们说相声。找来找去,找我们的不少,有时我们赶不过来,一天只能赶两家,场面很火爆,那年我才十二岁。

这个故事也说明,我们在观众的心目中早就有一些印象,从那时候我们就跨界演出了。但一般是年岁要大一些,像现在八十多、九十来岁的人可能都知道,年轻人就不知道了。这就是《锦绣歌城》的故事。

左起:常宝华(12岁),常宝霆(13岁)
1942年于电影《花田八错》(古装戏曲片)中饰演配角

常氏大家族。常连安（第三排左六）手中抱着的是刚出生的常贵田

第一次常氏相声专场。前排：常贵生，二排左起：常宝丰、常宝庆，三排左起：常宝华、常连安、常贵田，四排左起：常宝霆、常宝霖

忆旧"启明茶社"

李滨声

解放前,旧西单商场东门外直通太仆寺街,东门左边,坐北朝南有个相声园子,名叫"启明茶社"。

启明茶社是著名相声演员常连安领衔专演"相声大会"的班子,日夜两场,清一色相声艺人轮流上场表演相声,可由观众来点下一场说什么"段子"。

启明茶社进门无需买票,出门也没人收票,可以随时进去。茶社卖的是茶,收的是茶钱,演员说相声是零打钱。每说完一段,攒底"包袱"抖响,捧哏的说声"你别挨骂了",紧接着后台绝大多数的人,各执一个小笸箩或木制的小方盒走到观众席来"打钱"。方才说相声的两位演员站在原地不动,口中念念有词:"金钱不怕碎,聚少成多,多多少少,微微了了俱是捧场。""哪位赏钱?无君子不养艺人!"当观众把钱扔进笸箩或小木盒里,敛钱的要喊出"这位赏×元!"台上马上道"谢!"有呼有应,

很是红火热闹。

钱有时"打"上来的太少,台上就得再垫点"话"(说几句小笑话)。如:"那天有位老太爷,身体还真胖,足有二百多斤。一赏就是十块。我说'谢谢',他说'谢嘛,把我背天津去得了。'"这包袱"响"了,自然又有不少人不得不掏腰包。

抗战胜利以后至解放前夕,是启明茶社的鼎盛时期,阵容非常强大,常连安带领二子常宝霖、三子常宝霆、四子常宝华(当时艺名二蘑菇、三蘑菇、四蘑菇),是启明茶社的台柱子。

演员都有自己的拿手段子,各具风格。如三蘑菇或四蘑菇、白全福的《影迷离婚记》,王世臣、赵玉贵的《拉洋片》,罗荣寿、李桂山的《黄鹤楼》,孙玉奎的贯口《打白朗》,苏文茂的《卖五器》和小演员赵振铎的《八扇屏》《菜单子》等。

启明茶社的观众以劳动人民为主,也有大、中学学生,基本没有女客。有时也有三五成群的艳妆女客出现,集中坐在前排一个角座,与茶房很熟。

李滨声画说《锦绣歌城》

大宝二宝要上北京看大戏

错认"五加皮"酒幌为京剧"武家坡"

哥俩为买一张票看戏

我在城里大宅门儿当听差的爸爸

艺术的生命源于人民,相声的创作源于生活

第二章 夏

相声就是要反映老百姓接地气的生活，是要替老百姓说话的，是要讲好中国故事的阵地。

大哥常宝堃：人称"善财童子"

大哥常宝堃（艺名"小蘑菇"）

我的大哥常宝堃（艺名"小蘑菇"），1922年生于张家口，他十几岁时甚至还小一点，就跟着父亲在各地流浪以卖艺为生。

我的哥哥那个聪明伶俐劲儿不得了，可以说他是个神童。他刚满六岁，就能手提装水的旧铁桶"画锅"变戏法，

第二章 夏

引来许多观众，谁见谁爱。

现在张家口那里八十岁、九十岁这样高龄的老人，都知道当年这个"小蘑菇"。因为他在北市场，从变戏法起到说相声，那简直是红得不得了。我哥哥童年的时候，有的老人常常专门到这个市场。他们来了就说："咱们看变戏法那不是主要的，更主要的就是要看看这个孩子，这孩子可真有意思，很讨人喜欢。"

那时候练完一招戏法后，大家就扔钱，我哥哥就拿着一个小篓子挨着个儿地敛钱。有的人就成心要逗逗这个"小蘑菇"，就想不给钱逗他。可我哥哥很聪明，你不给我钱，那我就不走了，我就在你跟前站在你这儿，你做什么动作，我就学着做什么动作，结果把大家逗得是哈哈大笑。

后来有人就说，这个孩子可真有意思，他真是咱们张家口外的宝贝"小蘑菇"。这也就是他艺名的来历，所以我的哥哥常宝堃的艺名就叫"小蘑菇"。

年复一年，有人就对父亲说，你们这孩子那么聪明，口齿也伶俐，还不让他学相声？我父亲一想也是，这孩子我教他什么他就会什么，而且他一重复，就能把我逗笑了。我父亲与赵希贤是拜把子兄弟，他们俩一合计，如果能让我大哥和赵佩茹搭档，这小哥俩一块儿说相声一定会有彩儿。于是他们就带着大哥从张家口到了天津。

大哥常宝堃先拜相声老前辈焦德海为师，在天津又正式拜相声大师张寿臣为师。小小年纪的"小蘑菇"十一岁时就

- 061 -

在天津走红，成为家喻户晓的相声演员。

赵佩茹有"小神童"之称，在天津说相声出了名。大哥后来又跟大师一级的赵佩茹先生学习并搭档。他和赵佩茹两人上演的《揣骨相》《燕翅席》《家庭论》等，既有积极内容又有强烈效果，都是脍炙人口的节目。大哥宝堃十三岁满师后，相声说得红遍了天津，名声是越来越响，可以说在当时，常宝堃就以艺名"小蘑菇"名震全国了。

没有上过一天学的大哥，还把唱数来宝的乞丐请到我们家里，向他学习、请教。很快大哥就编写了以讽刺豪门好逸恶劳、奢侈生活为内容的《改良术数来宝》相声。大哥宝堃对相声不守旧，他参与创作并演出的《影迷离婚记》反响也很大，他曾到北京为我三哥常宝霆和我导演了这个节目，成为当时的化妆相声。

后来他们组织了兄弟剧团，我大哥常宝堃是团长。我哥哥很小就在电台上演出相声，博得了天津市老百姓的一致好评和喜爱。他的相声灌唱片、上电台，影响日益扩大。

记得有一次快到春节了，他就在电台说："快过年了，我给守在话匣子（那时候收音机叫话匣子）旁边的爷爷奶奶、大爷大娘、叔叔婶婶拜年了。"他这个童声说得那么可爱，他说完以后，我们家的信简直是像雪片一样飞来。那么多个信里边有什么内容吗？没有，就是钱！最多了有个条，上面写着：我们给小蘑菇的压岁钱。他就是那么好的一个人缘。

第二章 夏

大哥常宝堃爱人民之所爱,恨人民之所恨。他对日本侵略我国的罪行嫉恶如仇。他把我二哥常宝霖创作演出的相声《牙粉袋》接过来,经过修改后演出,是讽刺日本所谓"第五次强化治安"。这个节目演出后,激起敌人的愤怒,使宝堃遭受被捕入狱之苦。那时候日寇强迫老百姓献铜献铁,大哥虽然年少但是聪明又勇敢,他演了一段传统相声《耍猴儿》,用相声讽刺日寇把老百姓的铜和铁都收了,结果他被捕了。但是他没被敌人吓倒,他又用《打桥票》的相声作品,讽刺了法租界国民党向路人要所谓的过桥钱。大哥第二次被捕,还被毒打一顿。

大哥"小蘑菇"就是这样一个人,能把相声当成短刀、匕首,用相声这种武器来和当时的敌人勇敢智斗和作战。所以大哥他很得人心,很受广大老百姓的欢迎。因为他有艺术天才,更是有骨气,是智勇双全、敢用相声说话的硬好汉。

常宝堃有着善良的心。对贫困艺人他解囊相助,尤其是对贫困潦倒死去后没有着落的艺人,他就身穿孝衣以相声《福寿全》在舞台上当场募捐。所以大哥宝堃"小蘑菇"在曲艺界有"善财童子"的美誉之称。

在我家可以这么说,自从有了我大哥,我们常家就变了样儿;没有大哥常宝堃"小蘑菇",就没有"常氏相声"。

常宝堃是我的榜样

"小蘑菇"常宝堃

五六岁的我，正是似懂非懂朦胧时期，当时父亲已放弃变戏法生涯投师转入相声行业。常宝堃是我大哥，生下来是苦水泡大的，自幼两三岁就跟着父亲学艺变戏法。天津"三不管"、张家口北市场、北京的庙会、南京夫子庙、烟台、

龙口、大连……有吃没吃的地方到处流浪卖艺,就是冰天雪地,也和大人去搭场演出。大哥小小的年纪,靠乖巧的小嘴儿,在众人面前光着小膀子练个"翻膀子",即双腿用小棍子越过头顶翻到背后,为一家人赚钱糊口。大哥待人接物,对事业的执着给我留下极深刻的印象。有人就说,要没有宝堃这么要强,这一大家子挨饿去吧!

大哥既有天赋又勤奋,十一岁随父亲上电台,灌唱片红遍平津,后与赵佩茹先生搭档更是如鱼得水。每天清晨我都被大哥喊嗓子、背贯口吵醒。吃了早点,大哥和佩茹哥在小院儿对词、排练,妈妈总要提醒说:"宝堃,别背词儿了,先吃饭。"他和佩茹哥坐电车,因为在车上还可以对词,而坐过了站的事情时有发生。

有时大哥练完基本功,陪着妈妈和我去胡同儿对面的早点铺吃早点。我爱喝天津的豆浆,是那么纯正、浓郁,放点儿糖,再来个炸果饼(北京叫薄脆),相当顺口。大哥最喜欢吃豆皮儿卷薄脆,一大碗豆浆上面只浮一张豆皮儿,早点铺的陈掌柜把豆皮儿挂起来,晾干后留给大哥吃。每次和大哥出家门儿,街坊四邻整条胡同儿吃早点的人们都亲切地叫着大哥,"宝堃""常老板""小老板""蘑君""小蘑菇"……就是上学的学生也拢着大哥要寒暄几句。大哥都是热情地"您好""您早"……——和他们打招呼。

后来,父亲携子女到北京,妈妈留在天津带着我,同时照顾大哥忙碌的生活。大哥每天去两家电台、两处剧场频频演出。妈妈和大哥已从"三不管"搬到法租界的竹远里29号，小院不大，两排房，只有六间屋，住了三户人家，我们家、相声老一辈侯一尘和赵佩茹。尽管只住十几平方米的一间房，在当时来说已经很不容易了。

大哥既会唱戏，又会说相声。那时候家里总不断来客人，我还记得京剧老一辈李庆山（丑角老演员）常上家去，给大哥说戏，大哥就跟着唱。还有一位曲艺老一辈王剑云（单弦老演员），到家拿出三弦又弹又唱，有时把我和妈妈乐得前仰后合的。王剑云给大哥伴奏，大哥唱一段儿也是那个味儿。

大哥好学好问的精神，至今我都历历在目。有时到剧场听大哥的相声，看他反串京剧、唱段单弦，听得观众点头称赞，惊叹不已。我倒觉得不足为奇，大哥太聪明了，也太好学了，所以我后来演话剧、唱京剧、弹三弦、吹唢呐……都是大哥给我的启示。只不过我没大哥那么聪明。

我记得当时家里大人也差点儿让我去学京剧，相声老艺人侯一臣和大哥曾商量把我送到稽右社科班。他们曾把我领到劝业场楼上天华景戏院后台一个大屋子里，都是我这样的同龄人，有翻跟斗的、有拿大顶的、有耍刀的、有唱的，其中也有挨板子打的、也有哭喊嗷嗷叫的，给我印象是很惨。

说实在的，我懂事时就记得，我是妈妈的老儿子，是她的心尖儿、宝贝儿。回家我跟妈妈一通儿说，我不想学戏，妈妈也同意，立即当着侯一臣和大哥的面儿说："不能让老四学戏，这活儿太苦！"

大哥常宝堃"小蘑菇"为国捐躯

常宝堃烈士

解放后呢,大哥的思想豁然开朗,他把精力都放在创作上,如《新灯谜》《新旧婚姻》《男女有别》等都是他创作和经常上演的节目。

大哥常宝堃不久又参加了业余文化班,他最爱看的书是《论共产党员的修养》。演出之外,大哥还积极参加社会活动。1950年他被选为天津市人民代表，同年参加全国第一次文代会。

那时候我大哥常宝堃，演完了相声后再演话剧。一直到1951年抗美援朝，他主动报名赴朝慰问，在战火中不畏艰险，深入第一线慰问中国人民志愿军演出。当慰问工作圆满完成，他在归国途中不幸遭到敌机扫射中弹牺牲，年仅二十九岁。

大哥宝堃是爱国的一生，是给人民送来欢乐的一生，是以相声为武器战斗的一生。他的爱国主义精神深刻地体现了他的人生观、荣辱观，他的这种精神将永远铭刻在我的心中。所以说大哥是我永远学习的榜样。

他牺牲的时候我得到了一句话，这句话我之前还从来没有听说过，但却是我一生都忘不了的一句话。

记得抗美援朝分会开总结会的时候，宣布我哥哥牺牲这件事是通知我去的。我去了以后，他们就沉重地说："我们的人民艺术家常宝堃烈士殉国了！"我听了"殉国"这两个字就愣了，我当时是欲哭无泪。当时也没说他死了，也没说什么受伤或者是受枪击，就说是"常宝堃烈士殉国了"。

一听这殉国，我就很陌生也很震撼。我小时候没有上过学，经常看点儿带图画的小人书，知道那些英雄豪杰死后可以称为殉国，怎么一个说相声的死了也能叫"殉国"呢？这两个字给我的印象很深，至今我一直记着这句话，这句话也一直鞭策着我，我知道用这种相声武器也可以来和敌人做斗争。

后来我知道，1951年3月"小蘑菇"与赵佩茹、富少舫、程树棠等曲艺家共八十六人，参加第一届中国人民赴朝慰问团，常宝堃为第四中队的负责人。4月23日，在完成任务归国途中的"三八线"附近，突遭敌机空袭，"小蘑菇"和程树棠不幸牺牲。天津市政府授予常宝堃"人民艺术家""革命烈士"的光荣称号。天津人民为这两位烈士举行了盛大葬礼，上万人为常宝堃这位受人爱戴的相声表演艺术家送行，廖承志、田汉、陈沂等专程赴津祭奠，沿途数十万群众肃穆致哀，场面空前。

宋振庭在给《常氏相声选》做的序中说："今天的许多天津人都还记得，自从有天津以来，人民给一位大人物送葬，从来还没有超过常宝堃的。他这个'小蘑菇'这个名

万人送别常宝堃烈士（图片来源：《中国曲艺家协会60年》画册）

字呀,后来我才知道,很多人说在延安就知道有个'小蘑菇',常宝堃,太有名了。他精湛的艺术与高尚的精神赢得了数以万计人们的喜爱,也为常氏家族争得了荣耀。"

为了纪念常家烈士和对发展曲艺事业的奉献,后来根据常宝堃的遗愿和父亲常连安提议,天津市文化局正式批准成立了天津曲艺团,骆玉笙、石慧儒、王佩臣、高元钧、常宝霆等加盟,常连安任团长,赵佩茹任副团长。

注:常宝堃(1922年4月—1951年4月23日),著名相声表演艺术家,艺名"小蘑菇"。1951年参加第一届中国人民赴朝鲜慰问团,4月23日牺牲在朝鲜战场上。天津市人民政府授予他"人民艺术家""革命烈士"光荣称号。

忆革命烈士常宝堃

常贵田（常宝堃的儿子）

常宝堃在朝鲜前线的时候（廖铣泉摄）

我的父亲常宝堃，艺名"小蘑菇"，1922年生于河北省张家口，四岁开始随我爷爷"撂地"卖艺，表演戏法的"说口"。因他童声清亮，口齿伶俐，捧哏逗笑，聪慧机敏，颇受观众喜爱。九岁时正式改行说相声，在天津拜张寿臣为师，全家搬到了和平区长春道竹远里。有名师的指点，加上他的悉心钻研，经过四年的磨砺，十三岁时崭露头角，十五岁时就与赵佩茹搭档，互相切磋，轮流捧逗，艺业猛进，红遍平津地区。

父亲的艺名"小蘑菇"有两层含义，一是因蘑菇是张家口一宝，味道鲜美，暗喻他嘴上的活儿好；二是因父亲长得可爱，四五岁时跟着爷爷"撂地"，零打钱，磨磨咕咕会要钱。

父亲是爱国艺人，抗日战争期间，他与搭档赵佩茹合作演出了许多针砭时弊的节目，如《牙粉袋》《打桥票》《耍猴》等，也正是因为这三段，他曾经两次被捕，被关进日本宪兵队，一次被拘留审讯。

《牙粉袋》记录了天津五次"强化治安"时期，物价飞涨、民不聊生的黑暗现实：

甲：现在是第四次"强化治安"。昨天面涨钱，八块钱一袋儿啦。

乙：嘿！还活得了啊！

甲：他慢慢"强化"，咱慢慢熬着吧！别看四次"强化治安"八块钱一袋儿面，听说到五次"强化治安"，白面就落到四块钱一袋儿了！

乙：嘿！落一倍的价儿。

甲：就是袋儿小点儿。

乙：洋面袋儿？

甲：不！牙粉袋。

第二章 夏

《耍猴》控诉了老百姓对日伪政府"献铜""献铁"的不满：

甲：耍猴敲锣，你怎么打我脑袋？

乙：你的脑袋就是锣啊。

甲：你的锣呢？

乙：没锣敲了，都献了铜了！

1949年1月15日，天津解放。那天一大早，父亲推门出去一看，解放军战士都睡在大马路上，深受感动，平生就没见到这样守纪律的军队。当时老百姓不明真相，所有的店铺都是大门紧闭，谁叫也不开。战士们既没水喝，也没干粮吃。见此情景，父亲就让几个战士跟他走，他到水铺门口叫门，水铺掌柜的一听是他就开了门，战士们喝上了水。紧跟着，他又敲开了一家干鲜果店铺的门，战士们买到一些食品。

新中国成立后，父亲成为天津市人民代表，还到北京参加了第一届全国文艺工作者代表大会。怀着当家做主人的喜悦心情，父亲买了陕西路兴隆南里4号的房子。可惜的是，他在新房里住了不到一年，就牺牲在了朝鲜战场上。

1951年抗美援朝，父亲听说北京的侯宝林、关学增等艺人要去朝鲜慰问，激起了他的爱国热情。他专程到北京跟爷爷商量。爷爷一看就猜出了他的心思，问："想赴朝，是吗？"父亲憋了半天说："是！"爷爷说："去吧，我支持你！"于是，父亲主动要求参加赴朝慰问团。黄敬市长说，这事我们做不了主，得向中央请示。中央知道后，非常欢迎，批准天津单独成立一个中队。当时叫中国人民赴朝慰问团曲艺服务大队，父亲既是服务大队的副大队长，又是天津中队的队长。

在朝鲜前线，他们的演出深受战士们的欢迎。一次，在山上演出，天将傍晚，防空战士敲响了挂在树上的半块炮弹皮。这是防空警报，慰问团只得停止演出，集体躲进防空洞。一会儿，父亲发现战士们没进来，他就出来问，战士说，敌机多数都是吓唬人的，飞几圈就走了。父亲说，既然你们不怕，我们也不怕。于是，大家走出防空洞继续演出。演出中，父亲现挂说，我们得感谢老美啊，他们知道天黑了，临时给我们拉几颗照明弹！

同年 4 月 23 日，慰问演出圆满结束，第二天他们就要启程回国了。父亲和赵佩茹正在研究相声段子《揣骨相》，敌人的飞机来了，向下俯冲疯狂扫射，父亲和程树棠中弹牺牲，赵佩茹等三人负伤。

父亲牺牲时年仅二十九岁，我当时才九岁。得到信儿后，我吓坏了，都不知道哭了！好多年过去，我都无法接受这一事实，总以为父亲还活着。天津市政府授予父亲"人民艺术家""革命烈士"光荣称号，为父亲和程树棠举行了声势浩大的葬礼，送葬的队伍绵延半个天津城。当时沿途的店铺全都关了门，门前摆着点心桌子，马路两边都是免费的绿豆汤。

后来，我拜赵佩茹先生为师，正式开始学习说相声。有一次，我犯错了，师父把我叫到一边说，你爸爸当年多红啊，整个天津无人不知、无人不晓，他每个星期还都得去鸟市、"三不管"听别人的"活儿"，充实自己。他一辈子就信奉一句格言："你听观众的，观众才听你的。"这句话，让我懂得了父亲的艺术与观众息息相关，是百姓所需要的；这句话，指导了我一辈子！让我走进生活，深入观众；这句话，使我下决心继承先烈的遗志，完成父亲未竟的事业。

常贵田口述，周利成整理，选自《百年和平 家国情怀》。

常宝堃在朝鲜战地演出

我赴朝鲜继承哥哥的遗志

年轻时期的常宝华

哥哥牺牲后我自己报名,赴朝鲜继承哥哥的遗志。

你可不知道当年"小蘑菇",在天津群众知道他牺牲在朝鲜可不得了啊,他的棺椁运到天津6号门就停放在那。

一说这个我就想起那个小故事,当时领导说,暂时咱们先不要谈论你哥哥牺牲这个事情,因为还没公布,如果公布

第二章 夏

见了报纸了,咱们就可以敞开谈这个事了,暂时先保密。

在这时候不知道从哪儿来的消息,有四位老太太知道后就来了。当时她们把收音机都砸了,这场景给我感动得呀至今忘不了。她们说:"我看看'小蘑菇'的棺材都不行啊?"还说那老大爷:"你是什么传达室的负责人啊,为什么不让我们看?"后来我就去了,我对老大爷说:"我负责,我是他的家属您还不放心,请四位老人看看'小蘑菇'的棺材吧。"她们一看"小蘑菇"的棺材,哎呀,四位老人简直哭坏了。她们边哭边说:"以后我不听相声,我听完这消息我当时就买话匣子,我买话匣子我就砸个粉碎,什么我都不想听了。"这话匣子就是收音机。我就发现这些观众,对于我哥哥这个演员的热爱真是不得了。

这对我是一个教育,给我深深地上了一课,印象很深,永远不会忘记。

还有我记得是1949年7月,大哥光荣地出席了第一次文代大会。他兴奋地和家里人说,见到敬爱的领袖毛主席、周总理还有朱老总了。他深感自己过去饱经风霜,现在作为人民的艺术家去开会,除了激动还有责任。他就说,大会给他提出一个问题。我当时纳闷,还不理解他的意思。以后我找到了答案,他在相声艺术上,更加自觉地勤奋探索创新改革的道路。他幼年失学,写字困难,他就刻苦学习,克服一切困难。他编写了新的剧目。他根据传统相声《打灯谜》改编成了《新灯谜》,热情地歌颂工农兵学商新的生活和精神面貌。

后来领导提出来说你有什么要求,我说:"我就有一个要求。

我哥哥牺牲在朝鲜，我也要到朝鲜，我一定要到朝鲜。当然要有这个机会，我相信会有这个机会的，如果有这个机会请领导让我去吧。别的没有什么要求。"后来我就报名并被批准去抗美援朝了。

当时的情况，我记得是，文艺界先后组织文艺工作团赴朝鲜慰问。1953年，中国京剧院、中央实验歌剧院、北京人民艺术剧院、中国杂技团、天津曲艺团等单位，组成了赴朝慰问文艺工作团。我担任曲艺队的队长。队员有：骆玉笙、石慧茹、苏文茂、刘文友、李国栋、钟吉瑞等。

记得我到朝鲜演出时，演出前报节目的就总要专门加一句话。"下面由常宝华、苏文茂演出相声。我特别要向大家介绍一下常宝华，他就是在朝鲜牺牲的'小蘑菇'的弟弟，哥哥牺牲了弟弟又来了。"当时，哎呀，观众啊，对我们给予热烈的掌声啊。

我们带去的节目有：《说祖国》《打灯谜》《酒令》《向群众学习》等。

常宝华（后排左四）在朝鲜

常宝华（前排左二）在朝鲜

参加解放军圆了我的上学梦

海军常宝华

我特别想要上学,从小时候到青年时期。尽管我哥哥"小蘑菇"答应我,资助我上学读书,但是他后来牺牲在朝鲜战场成了烈士,也就没有达成我的愿望。后来我想,怎么实现这个愿望呢?有许多人都说,解放军就是个大学校,那干脆我就参军吧!这样,我就报名参加了海军。在部队我还是继续表演相声，后来我光荣地加入了中国共产党。

我参军时23岁，当时当兵没有工资，只能拿津贴。这个津贴是多少钱呢？按现在来说，可能就是三块九或四块九，除去买牙刷、牙膏，还能买什么呢！一般人都不愿意干。我干还是不干呢？但在这个问题上我是无怨无悔，因为我要继承哥哥的遗志，做一名光荣的军人。

我对于解放军的认识，从不了解到敬佩，是在刚解放时期。那是在1948年，天津市内巷战不断。巷战就是在街上我军与敌人针锋相对打起来了，你砍了我，我杀了你，真是敌我刺刀见红。那时我在北京，整整十八岁，你要让我得到完整的消息我得不到，只是听从天津到北京来的人讲我才知道，当时有人就讲了这么一件事情。

天津市巷战停止时，国民党溃败了，中国人民解放军取得了胜利。可是老百姓不知道街面上如何，因为外边一打仗老百姓把门都给关上了，很危险，没人敢看。就在这个时候，有个老大娘就听外边没有枪声了，安静极了，猜想这一定是不打仗了吧？老人家把门一开，看到的是解放军累得在地上是横躺竖卧，你躺我身上我躺你胳膊上。

老人家看见这一幕心里就想，当时国民党到处占房子，他们要住哪老百姓就得躲开，让给他们住，你甭说太大的官，就是一个连长都不得了，老百姓就得把好房子让给他们。但是老太太一看解放军不动老百姓一砖一瓦，他们都躺在街上，她感动得真是热泪盈眶！

身穿海军军装的常宝华

我听到这个消息，得到了很深刻的教育。什么教育呢？原来国民党和共产党是截然不同的，当时还不知道解放军有"三大纪律八项注意"，可是我就想在国民党的时候，国民党兵谁敢惹啊，真是想打谁就打谁。不讲理到什么程度呢？他们看演出用手榴弹买票，一个人能买八张票，他们就是躺在那儿听戏，躺在那儿听曲艺，无法无天。

可是解放军规规矩矩、老老实实，就从纪律来讲，我看也是应该伸出大拇指给解放军点赞。你说这样的部队是好样的，谁不喜欢呢？一直到今天，我们的部队一直还保持着这样良好的传统。这叫军规军法,世人感叹,我们永远要向中国人民解放军学习。我们常喊:"解放军万岁!"就是因为我们解放军的表现,很值得我们永远去学习。

参军后,我慢慢地才认识到,我的工作和党的工作需要紧密地联系起来,我要用我的相声去歌颂我们的党,歌颂我们的社会,歌颂我们的人民,歌颂我们的国家。当然我做的是一些微不足道的小事,即使如此,也是因为我在解放军这所大学校受到了教育,我才有了现在这样的知识、生活和胆量,才能干自己愿意干的事情。

舰艇也是常宝华的舞台

第二章 夏

常宝华和海军战士们在一起

常宝华给海军战士们表演相声

部队这所大学培育了我

部队跟地方在哪儿不同呢？不一样的地方就是为人民服务，尤其是我要为海军战士服务。所以我的相声必须要有海军部队的题材和内容。我的舞台就是军舰的甲板，我的观众是海军战士，我必须和水兵们一样熟悉大海，适应大海这个新朋友、新环境。就因为这个问题，我曾体验过海军的生活。比如说我在舰艇上当过枪炮兵，一干就是几个月，都是按照当水兵的实际情况和要求体验生活的。

常宝华和海军战士们在一起

第二章 夏

常宝华与水兵战士亲切握手

美丽的、湛蓝的大海辽阔而壮观。但对于海军的水兵来说，它却是个喜怒无常、可爱而又厉害的伙伴。有时它波平如镜，但有时却又巨浪冲天，来势凶猛。所以体验生活中晕船是我首先遇到的挑战，一开始我晕船，吃什么就吐什么，最后没的吐了，甚至感觉到口腔里面的瘀血、黄水都给吐出来了。最后锻炼到什么程度呢，锻炼到我坐船不晕船。可说不晕船呢，船靠岸后上了码头我倒晕了，我把晕船改成晕码头了。

那时候有新兵入伍，吐得简直是连饭都不想吃。吃饭的时候吃不下去，我就拿着麦克风、扩音器劝慰我的战友，告诉他们当兵必须要练兵，一定要锻炼，先锻炼吃饭，我给他们讲的是"百炼成钢"这样的一个道理。我就这样，在劝慰其他战士的同时，也慢慢把我锻炼成了一位真正的水兵。

我们在祖国的辽阔海域上,在舰艇上给大家说相声。我记得一次在舟山群岛的一艘护卫舰上,一些年轻的战士想要听我说相声,可是我一个人,没有搭档啊。我就对这位想听我说相声的战士说:"你的北京话够地道,咱俩搭档一起说。"

经过紧张的现场指导,这小战士还真学会了"学四省"的启蒙段子。我让他当主角儿——逗哏,我来捧哏。到了真正的公开演出时,礼堂挤满了人。小战士在下面排练说得挺顺溜,可一站到台上,两腿打颤,想不起来词了。我灵机一动,就顺手拉他往前站了站,我给台下的战士深深鞠了一躬,然后就慢悠悠朝台下走去,我把观众的目光吸引住。这时我那位搭档小战士被分散了注意力,马上得到了放松。当我再次走上台去,向他提示了一下,我们的相声也就开场了。我们的节目给在场的观众带去了欢乐,大家笑得非常开心。后来这位小战士,还在《新民晚报》上发表了一篇叫"与常宝华搭档说相声"的回忆文章呢。

我的相声大都是带海字的,比如说《我热爱海洋》,还有《说海》,这样的段子很多。我的八十五周岁纪念演出会上,我就演了《说海》,它是介绍海洋知识的。我们国家陆地上有什么,大海上就有什么。实际上相声是歌颂我们海军的功劳。因为我们国家有那么丰富的海洋资源,靠谁来保卫?只有靠我们海军来保卫。

我写的《说海》,重点写的是南海。南海我去了不少的岛屿,有很多岛屿,我们国家的居民都在此生活。正因为我在部队有这样的生活体验,比如在海上的生活,在艇上的时候,这些我都一一体验过。我觉得只有这样,才能够写出有生活味道,战士们熟悉并展示他们喜爱的好相声。我才能够写出带有海味的海军生活的相声。我一直就是这么走过来的,是这么生活过来的。

所以说,我能够说对得起海军广大官兵和战士,对我的信任以及对我的欢迎,因为我的作品反映了他们的生活,他们觉得这个生活不是编的,不是捏造的,而是活生生的故事。

再有,我觉得相声应该说是有很广泛的内容,无所不说,都可以说,就看你去怎么说。相声不是宣教,而是用艺术表现,当然,这里面也有着歌颂和讽刺之分。歌颂我就不用说了,大家很理解。那么讽刺呢?我觉得就要清楚三种人,一种是敌人,一种是自己人,一种是朋友。这叫什么?分清了敌我友,把相声变成一种在和敌人作战的艺术。

我的舞台就是军舰的甲板,我的观众是海军战士

我们作为部队文艺战士来说，应该在这方面有所区别吧，也就是要和地方的相声应该有所区别。在这个地方，我想提提相声大师张寿臣，这位大师说过一句很有哲理的话。他说相声不是宣教，不能像报纸一样去完成任务，相声就是相声，总要把人逗乐了。但是，相声又是不谈政治的政治，不谈政治但是不离政治，就看你怎么去掂量这个分量，这是很重要的。

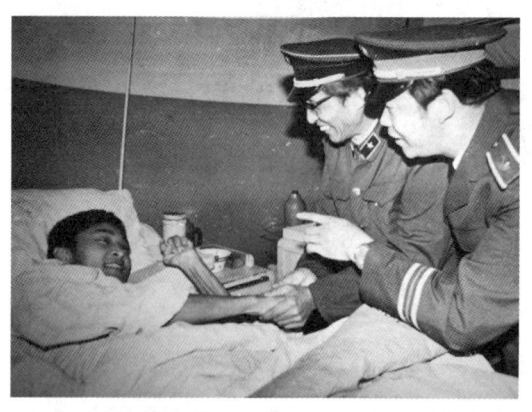

和部队战士们一起好开心

我的师父马三立

在旧社会,学相声必须要正式拜师,没有师承门户,就不能随意演出。马三立曾经问我有师父吗,我说没有。马三立老师就说:"好,那我收你这个徒弟吧。回了北京有人要拜我为师,你也参加。告诉你爸爸甭花钱,你就一块儿磕头就行了。"他说,"我的学生都叫孝字的,你也甭改名字,你还是个'小腕儿'呢,你就叫你的名字吧。"打那起,马三立先生就成为我的老师了。

所以我的师父是马三立先生。师父名字三立,反映出他"立德""立功""立言"的"三立"精神。

相声界的行规呢是很多的,但都有什么老行规我说不上来。为什么呢?因为我年轻的时候,我就参了军,我当的是文艺战士。另外一个呢,有些东西我学的也没有什么用处。不过现在呢,我觉得有些个所谓叫"行规"的我也应该遵守。比如说,我们要学相声,必须要找一个老师,这叫"无师不立,无祖不传"。因为相声是师父口传心授的这样一种形式。

和师父马三立在一起

我就是马三立先生的学生。我敬重马三立老师,喜欢老人家的那种幽默,他的语言特别有生活,表演特别引人入胜。他的相声节目,观众听后不仅仅是一笑了之,而是总能发人深省,留下回忆。这都是我们不可轻易学到手的本事。为了和他多学点东西,那么必须要给他磕头,一日为师,一生为父。这虽然说不是什么老的行规,我觉得这也叫新的行规。说起我的师父马三立先生,也有一段佳话。

我小时候八岁就开始学相声,到了九岁、十岁就能演几个段子。后来老前辈马三立先生在我大哥演出过的那个"兄弟剧团",他见着我在戏里边没有戏或者戏很少,他就说:"别闲着,我带着孩子演出去!"他说"孩子"的时候就指着我说,当时我哥哥就同意了。于是马三立就带着我出去演出了。出去演出时我觉得马三立这个人说话很幽默,很正直。

第二章 夏

我举个例子。他在天津很有名,有一天他带着我出去,外边有卖大花生的(天津叫大果仁),马三立先生就问我:"老四,你吃那花生吗?"我想说吃,可我又不好意思,我就摇摇头。他却说:"好,那就摇头不算点头算。得,给你买点儿吧。"然后跟卖花生的人说:"给我们称二斤大花生。"卖花生的人回答:"是马先生呀,我多给你来一点儿。"他拿秤这么一称,快二斤半了,接着说:"来,给你包上。"马三立先生一听,马上阻止道:"等一等,我只买二斤。""是的,我就要你二斤的钱。"卖花生的人补充说。"我不要,刚才你说快二斤半了,我不占你的便宜!"马三立先生太较真了,卖花生的人无可奈何,只好给他秤了正好二斤。他一边给我吃报纸包的大花生,一边跟我说:"老四,看见了没有?干咱这一行,都说行当低下,但从做人来说不能低下,做艺先做人,咱们不能占任何人的便宜。"这件事给我的印象太深了。

后来马三立先生带着我演出,他很喜欢我,说我老实,我也喜欢他,喜欢他的幽默。比如说演话剧,是火车开来、上火车的一个场景,按过去的话剧来说,人在台上可以模仿去到火车上了,你坐哪我坐哪。都坐好了之后,这火车怎么表现呢?当时有一种笨办法或者叫土办法,在麦克风前拿算盘珠反过来往桌上一放,算盘珠一碰桌面上就是哗啦哗啦的声,你要是碰得有节奏,就跟那火车完全一样。后来他带着我演出也要坐火车,坐上火车一会儿火车就开了。开着开着马三立先生就跟我说:"老四,你听……"我说:"听什么呀?""谁弄那算盘呢?"他就是那么幽默。

按过去老的行规,拜师必须要给他磕头。就应该有一个契约,按现在的话来说叫合同吧。从小在老师家里什么都干,学徒嘛。我在参军以后才拜的师,我这个拜师是实际的,不仅仅是个名义。我确实请马三立老师给我上过课,就是普通的一个相声节目——《黄鹤楼》。老人家讲了一天都没有讲完,他的相声很讲逻辑性,合情合理,所以跟他学了不少的东西。

马三立、侯一尘1949年在北京收徒,津京两地全体相声演员合影
前排左三为常宝华

第二章 夏

我曾经说过,"马三立之所以成为人们喜爱的马三立,是因为他的相声在不经意中刻画和塑造了不少小人物。而这些小人物在舞台上,是从师父马三立口里站着走出来的,他们是活生生的、感动人的。"马三立是前无古人的相声大师。

俗话说"一日为师,终生为父"。尊师如父,在相声艺人的生活中,是有着悠久历史的传统美德。相声界有这样的传统,它是一种约定俗成的行规。

上图为常宝华和师父马三立
右图为常宝华为马三立老师写的祝寿词

我给毛主席说相声

20世纪50年代末60年代初,我经常去怀仁堂和春藕斋给毛主席说相声。那个时候毛主席经常夜间工作和批阅文件,非常辛苦。毛主席的保健医建议主席增加一些活动和娱乐。

当时毛主席消遣时,就非常喜欢两种曲艺:听相声和京剧。于是我就给毛主席表演相声的老段子。

有一次,我遇上了侯宝林和郭金宝先生,他们也来为主席演出。谁演呢?我们互相谦让。侯兄说:"干脆,咱仨人使个《训徒》吧。我演师傅,金宝儿来个徒弟,你逗,怎么样?"我说:"咱得掂着使活儿,《训徒》是传统节目三人的相声,要演半个多小时。"侯兄说:"别掂,按传统使法儿,主席准爱听。"

毛主席坐在沙发上,刚报幕我们三个人演出,毛主席就兴高采烈地鼓起掌来。演出时,只见主席时而微笑,时而爽朗大笑。演到后来,只见主席闭目酣睡,我们只能音量放小继续演出。

第二章 夏

演出完,主席被一阵掌声惊醒了。我们对负责主席文化生活的王秘书说:"我们这段相声把主席给说的睡着了,真抱歉。"王秘书说:"应该给你们立个功,主席失眠很严重,让老人家睡一会儿多不容易啊。"

常宝华老师有写日记的好习惯。这是1959年1月17日他给毛主席等中央领导演出时,所记述的日记手稿"永远不忘的一天"

和侯宝林大师演出

这张剧照是常宝华一直保存的，文字是一位喜欢听他说相声的观众在照片背面写给他的

相声《昨天》

敬爱的周总理曾经幽默地说:"今天我再听听《昨天》吧!"所以如果说我在相声这个堆儿里面,有一点成就的话,我应该提一提我的相声《昨天》,老观众都有耳闻。写这个相声,首先我要介绍一位剧作家,他姓赵,叫赵忠,忠臣的忠,是当时海政歌舞团总团的团长。所谓总团,就是海政有歌剧团、歌舞团、话剧团、曲艺杂技队,所以他是总团的团长。

那是在1959年,正是建国十周年的时候。总团的团长赵忠找到了我,说:"宝华,我们祖国建国十周年变化很大,你能不能够用相声的形式来反映我们国家的丰功伟绩啊?"我一听这个题目太大了,说实在的,没有生活是不行的,当时部队就批准我到农村体验生活去了。

农村变化确实很大,回来以后我也为难了,农村变化尽管那么大,怎么反映我们祖国的十年变化,我简直是不敢相信我自己。总之一句话,当时我是不写也得写,写不出来也得写。我一遍又一遍地写上了。写一遍交一次稿,让我们总团团长看一下。我每次都能收到总团团长的鼓励,这点不错、那点不错,但是总的说还是不行,实际上还都是否了。

我写的这个相声《昨天》,主人公是我的大爷,见到的总是在国民党统治下物价飞涨,穷人到处受欺辱,生计没办法,生活没有着落。后来我大爷找人借了一个黄包车,在拉洋车的时候也是挨打受骂,最后还把洋车给人丢了。后来旧社会给他逼疯了。

解放以后人们就给他送到精神病院,他在医院整整十年。这个时候正是建国十年了,经过打针、吃药、针灸、电疗等各种治疗方法,愣把他这个精神错乱治好了。好是好了,可是他老认为这个事情就发生在昨天,所以相声的名字叫《昨天》,这个名字是这么来的。

实际上这个故事是来自我们赵忠团长,他是一位作家、剧作家。他原来用这个故事想要写一个小品或者是电影的,后来他告诉我,他把写电影的想法都给舍弃了,让我用这个素材写相声,还说咱一定给它写好了。后来经过他的支持,我们一起合作就写成了相声《昨天》。《昨天》这个相声写成了以后,影响很大,颇受好评。我觉得这个功劳不在我本身,更重要的就是我们团长赵忠的努力。

《昨天》的主人公就是我的大爷这个人物。有这样几句词:

"这儿的贵。"

"哪儿都一样价儿。"

第二章 夏

售货员一听说买鞋，拿过六七双来，把我大爷吓一跳，"掌柜的，我们可就买一双啊。"人家说："您不买我们也是欢迎的，您随便看一看吧。"他就试了一双，"好，这双合适。那个铁蛋快给钱，我买这双了，快给钱。"

"忙什么呀？"

大爷说："一会儿涨价了。"

《昨天》这个故事最早的结尾是解放以后我带着我的大爷就逛逛这儿、看看那儿。到了百货公司二楼，这时候商场的广播器正在广播："各位顾客，现在有钢笔一支，有皮包一个，有丢失者请到二楼来领。"这时候我大爷一听还以为是昨天的事情呢，就往二楼跑。我说："大爷你跑什么啊？"大爷说："我告诉他们，那洋车我就不要了。"就是这样一个故事。

它讲述的就是一个老人在新旧社会的不同境遇，通过旧社会的"后遗症"构成相声独有的"包袱"。作品一经演出受到观众的喜爱，也得到了中央领导的关注。

一次在中南海演出后，我没想到周恩来总理从大厅里边出来了就直奔我，我赶紧地把大褂搁在那儿，我就抢走了几步。我说："听说您对我们相声有一个指示，我想听一听。"

周总理乐了，他说："什么指示，我说话就是指示吗？我只不过也是一个观众，作为一个观众有一点看法嘛。我提的就是，最后这个结尾，你想这位老人家是拉洋车的，那洋车我就不要了，这似乎违背了他的思想逻辑了。因为洋车是大爷的饭碗，尽管他的病好了，感受到新社会的好处，但他不会不要他的洋车。"最后，总理说："这只是我个人的一点儿想法，供你们参考，我可不懂相声呵！"周总理这句话就像一盏灯似的，我心里一下子就明白了。

我根据周总理的建议就把相声的结尾给改过来了。第一次我改的是《昨天》的主人公大爷，要把这个洋车献给国家。第二次我改的结尾就是现在所能听到的样子：我大爷一听，扭头就往二楼失物招领处跑。我说："大爷，您上哪儿去？"大爷说："我要去找我的洋车去……"修改后使这个作品更加成熟。我记得周恩来总理看了这个作品很欣赏。

我记得周总理看了两次。那是事隔几天中南海又打来电话，中央领导要观看文艺节目。这次来春藕斋看节目的除了周总理外，还有毛主席、朱老总和刘少奇。周恩来总理幽默地说了一句："今天我再听听《昨天》吧。"听完了以后，周总理就叫我们到他的身边，高兴地说："这样的结尾改得好。"

《昨天》被誉为与传统的"讽刺相声"相对而言的"歌颂相声"趋于成熟的标志。《昨天》一问世，就引起社会巨大的反响。相声《昨天》参加全军第二届文艺会演获创作和表演优秀奖，在全国评比中获得创作优秀奖。当时的影响，几乎达到了家喻户晓的程度。全国几十家报刊杂志争相转载，并通过六种外国文字介绍到国外。上海滑稽剧团还把它改编成滑稽戏《哭着向昨天告别》，演出几百场。

这个相声作品的产生及功劳，我由衷地感谢赵忠同志，也感谢周总理为我们的相声《昨天》结尾提出的精彩建议。

在《中国相声史》这本书中,曾这样写道:"在建国十周年时,只有相声《昨天》是通过一个人的奇特经历,描写了新旧社会的强烈对比,不愧为相声佳作。"

业内人士也称:"这个作品为整个相声界的创作,提供了一个非常鲜活的样板,让人们知道怎么样去把旧的相声或旧的表演艺术形式,与新的社会发展结合起来,从而使相声艺术呈现出青春的生命力和光辉。"

1959年11月21日常宝华日记手稿:从《昨天》谈起

常宝华和李洪基表演相声《昨天》

在舰艇上为水兵演出

一块石台阶也是舞台

去基层演出时和战士交流

大海边,即使一个水兵也是观众

我从小耳闻目睹,就懂得一个道理,观众是我的衣食父母。这次出书,也是为了回馈观众,为我的观众服务

第三章 秋

相声和耍贫嘴不能划等号，相声与出洋相无缘。相声是语言表演艺术，这是基本功。

常宝华与观众在一起

常宝华（左一）站在搭建的舞台上说相声，观众真是人山人海

赴西藏慰问演出

与藏族同胞合影

1962年我去过西藏。有人就会问:"你是一个海军战士,你怎么跑西藏去了?那儿又没有我们的海军舰队。"是的,我是个海军文艺兵,但不管文艺兵在部队干什么,都得听四个字,叫"服从命令"。当年总政治部和总后勤部一协调,就算总后勤部借调吧,把各大军区的一些观众熟悉的演员选出来凑在一起，临时成立一个文艺演出慰问团。

到哪儿去呢？到西藏慰问演出。慰问谁，给谁演出呢？是给我们的兵站。这兵站是什么意思呢？在西藏不管你到哪儿，都只有公路。那到哪儿吃饭去呢？你就可以到兵站吃饭，兵站就是衣食住行等一切问题都可以解决的地方。比如说汽车行驶着没汽油了，那就上兵站灌油去；没吃饭，上兵站吃饭去；军衣有时候脏了、破了，刮风下雨没得换怎么办？也可以在兵站领军衣。总而言之一句话，衣食住行都得找兵站，它能解决我们战士的一切困难。

那么那里的兵站有多少呢？这个数字还没有仔细计算，我们是要挨着个地慰问兵站的战士。当时的西藏不像现在，你要想旅游，坐火车就去了，坐飞机不就更快了吗。那时候上边没有飞机，下边没有火车，全凭两条腿。当然不是让你腿走着，是你得坐汽车。

当年我坐汽车坐了有多长时间呢？我还没计算，我就知道按天数来说，我在西藏有将近9个月。你会问怎么那么长的时间呢？因为我们到哪个兵站演出，都要了解那儿的情况，体验生活。由于积累的生活素材多了，后来我就写了个《兵站之家》的作品，发表在解放军报上。当时这样反映基层生活作品的相声，我们的战士特别喜欢听，我们就一路走一路演出。

记得刚开始到西藏，我在昆仑山口照了一张照片，上面

就注明了海拔4700公尺。如果你要到拉萨，拉萨就3600多公尺。在这样的高度，当时我没有什么反应。

不过也怪，后来我去那里的时候坐火车，坐到红柳园的时候，我身体就出现一些不适。红柳园这个地方海拔并不是很高，但是我就喘不过气来。演出的时候演着演着，我就愣了，怎么那么难受啊？演出下来，我就跟随军的医生说了这个事，我说："我好像身体出现不适了，头晕。"医生说："你会抽烟吗？"我说："我会啊（那时候我抽烟）。"医生就说："那你抽点烟吧。"

这就奇怪了，一般医生都不让抽烟，他怎么让我抽烟呢？后来我理解了，原来是当时，我处的那个地方山上有铅。怎么能够抵制铅对人的伤害呢？只有抽点烟才能抵制。现在回忆起来，为什么西藏有的孩子七八岁，老嘴里叼着烟抽，他不是有那个嗜好，也不是大人教的坏习惯，大概是因为他们地处的那个地方有铅。

西藏很苦。苦在哪儿了呢？苦就苦在太高。西藏本身就高，拉萨在西藏是最低的，拔海就有3600多公尺。记得我到一个兵站，这个兵站海拔4400公尺。我想吃完饭再帮着他们干点活儿，我就帮忙搬那餐桌吧。那餐桌挺单薄，不是挺厚的，擦完了我想给它挪个地方。谁想我把这桌子刚抬起来，忽一下子我脑袋就晕了，我一下子就趴在桌子上了。当时我就想，我这是怎么了，我怎么就昏厥了，人都躺着桌上了。

在场的人告诉我说:"您啊,您上来给我们演出就已经不错了,您还帮着干活儿呢,您知道我们这海拔多少?4400公尺!""哦,对了,我忘了这高度了!"赴西藏期间,我不知道演了多少场,但我是一个兵站没落,最后荣获一项荣誉二等功。

现在好了,要到西藏旅游有火车,快一点飞机都可以。不过我们那个时候什么都没有,只能靠军用的汽车。军用的汽车老得有人陪着驾驶员说个话,他有时候开车犯困,那个路是很危险的。我没法计算里程,有人说过,我们修西藏公路的时候,每修五公里就可以计算出牺牲一位战士。我就想,去西藏的开发的道路,是解放军子弟兵用鲜血铸成的呀!所以说这一路,对我来说听了很多的故事,也很受教育,现在回想起来也是很受感动的。

在西藏我们给藏民演出,有杂技、唱歌、跳舞,就唯有相声他们不懂,那怎么办呢?我想一定要让藏民听听我们的相声,后来我就写了一段《学藏语》的相声。这一学藏语呢,他们懂藏语听着就有意思和兴趣了,又有藏语又有汉语,藏语跟汉语交换说着,这个节目很受观众的欢迎。后来我又写了《兵站之家》,也很受欢迎。

总之,不管怎么说相声,只要你勤奋,只要你写他们的生活,反映他们的生活,他们就爱听、高兴。这样的作品总会受到欢迎的,因为它是反映生活的,用现在的话来说叫"接地气"。

后排左三：常宝华

去西藏之前，领导就给我们讲了话，有明文纪律规定，是让我们去受教育。

有这么一个故事，我记得很清楚。当时我抽烟，我知道那边买烟很困难，到了西藏买烟没地方去买，只有我自己带这么五六条。后来藏人看见我抽烟，那年轻人伸手就找我要烟，给他一根还不行，他一笔划得要一条。哎呦，我心想，给他一条我怎么办呢？又一想，他们也够难的，会抽烟有烟瘾又没地方买烟去。得了，我送他一条吧，我就给了他一条。这样的话他很受感动，他兜里大约有十块二十块的手表，那手表都是从英国转到西藏的瑞士表，他给我瑞士表让我拿。我甭说拿走,你要让我多看一眼都不行,当时我就想到我们是有纪律的,我们是革命军人,有三大纪律八项注意,不能用我们的东西来换取别人很贵重的东西。我时时刻刻想着,自己是革命军人,有军队的纪律,再好的实惠和便宜也不能随便占。

有时候我们在西藏要住几天,你跟藏民交心以后,他们心眼确实是实在。我记得当时我和三哥在北京参加了一个会,其中有一个朋友是西藏的。因为他知道了我要参加文艺慰问团去西藏,他对我说:"要是你到西藏,我会找到你,还要好好招待招待你。"当时我听完了以后,我就觉得这是客气话,只是出于礼节性的客套。

然而,我到西藏以后,这个人真的找到了我。当时我一愣,这是谁呢?他说:"你还记得在北京饭店,跟你哥哥开会时,我提出来,你要是到西藏,我一定接你到我们家做客,还记得吗?"

后来他约我去了他家,这个藏民的干部太热情了,把西藏的好东西都给准备好了,逐一地给我介绍,什么都让我尝一尝,给我印象最深的就是藏粑。这就说明我们的藏民兄弟和我们汉民真是心贴心,只要我们对他是真诚的,他对我们也是很坦率和真挚的。

西藏现在可以说已经成为旅游的天堂,很多人都要到西藏去,虽然他们知道海拔高,但因为它很神秘,所以还是非要去看看。火车可以直接到达拉萨,拉萨海拔3600多公尺,这一

路还有比它高的,有5000多的、有4000多的,身体有什么不舒服,火车上有很多的准备措施。但我去的时候,根本就没有火车也没有飞机,就靠这汽车,只要你犯了病了,头昏脑热不舒服最多给你输点氧,也就这点儿措施,别的没有。

西藏越是这样神秘,不少人就越要看一看。我到那儿,给我印象最深的就是布达拉宫。布达拉宫确确实实是引人入胜的,它很高,我也上去过,而且我还看到了很多以前我没有见过的景象。

比如说有的喇嘛要念经,这叫转经。有时候他坐在船上,立一根棍,上边有一个像布条子似的,能够随风飘动起来,这叫风经。手里边时刻在转一个东西,这个也叫转经。可以说无处不是经,这是一个有信仰的民族。

再有就是有一个花园,那花园也不错,那花园叫什么我忘了,至今没有想起来。再有就是哲蚌寺,那是一个集中拜佛的地方。拜佛的不一定是非得信佛,有的就到那儿去随意看一下。里边有很多服务的,有卖香的、卖蜡的,他见着就要跟你一挤鼻子一弄眼。当时我看不惯,我还觉得很奇怪,我们就说他干吗呀,他跟我们挤鼻子弄眼的什么意思?后来才明白,这是一种礼貌,那意思是"我怕你"。真是什么样的礼节都有。他们见着我们女同志和男同志都这样,跟我们出怪相,我以为是坏人,其实是尊重。

还有一个鲜为人知、很少有的举动,就是演完了节目,战士们要选代表上台,藏民要向选派的代表宣誓,并要发给代表礼物——手榴弹，他们接过手榴弹举起左手攥着拳头就向我们宣誓，他们用这一颗手榴弹，消灭更多万恶的敌人。这个情景至今我也很受感动。

常宝华和藏民在一起

常宝华保存的奖杯和荣誉证书很多，这张泛黄了的证书，只是其中一件

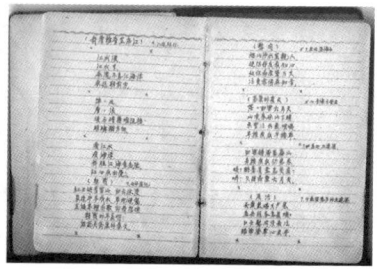

常宝华1962年赴西藏期间日记手稿

在猫耳洞用电话说相声

常宝华（左一）与常贵田在猫耳洞用电话为战士们说相声

20世纪80年代，有的时候为了表达我们对战士的热爱和对战士的慰问，我们想了很多主意和点子。比如我们到中越老山前线去，我们要到最前线去慰问猫耳洞的战士们。

大家都知道猫耳洞是非常艰苦的，那里苦到什么程度，如果说今天想起来，在我这一生当中，在部队的生涯中，在老山前线遇到猫耳洞那样的艰苦环境，那是第一次，也希望是最后一次。

我们看到的是：我们的战士，只穿一条大裤衩。为什么是大裤衩？因为那里热呀，太热了，只有穿大裤衩才行，光着脊梁。但是仅仅要光着身体，就还不错了。在那里炎热的天气里，战士还没水喝。由后方送水给他们，送到的水，战士们都舍不得喝。为什么呢？因为大家都不知道，下一次什么时候才来又送来水啊。战士们就把这水用一个棉花蘸上，搁到水壶里头，让水顺着棉花往下滴，他们在下边一滴一滴地接着喝。这就是可爱的战士。

当时我带着我们全队，说是全队，也就只有六七个人，是总政治部组织的慰问团，专门说相声的慰问团，去那里的目的，就是让我们的战士过个美好的欢乐的生活。当时我们大家到了那儿，想到猫耳洞去慰问演出。可是首长不让，领导不同意我们去。后来我就去问，我们是来慰问战士，不让我们去战士身边，看不见战士怎么可以呢？可是领导说："不行，那里有我们的战士，但是也有敌人。地处与敌人只是一水之隔、一草之隔，看得很清楚，如果发生危险怎么办？"

是啊，领导说得对啊。那时候我就萌发了一个主意，我问："那你们是怎么给战士下达命令呢？是怎么告诉他们前进或者后退的指示呢？"领导说："我们有电话，我们用电话传达啊。"

第三章　秋

我说："那好啊，我们就通过电话给战士说相声吧。"于是我就发明了用电话说相声，这样我们就能让战士听到相声了。我和常贵田通过电话说相声，让前线的战士听到了祖国人民想念他们的声音。

我在部队当中生活了这么多年，非常了解战士们，在战争的残酷环境当中，他们最想的事情是家里来信，家里的人是谁来信都可以。再一个就是他们在那里太苦了，看不见人。没人说话和交流，时间长了老在山洞里待着，说严重一点，神经都能崩溃。这种情况下，他们是多么希望看到更多的战友，看到更多的人，了解祖国后方的情况啊！所以我们必须把声音传递过去，给他们带去温暖和快乐。

常宝华日记手稿：猫耳洞"演出日记"及"血与火战斗的特点"

- 117 -

我做搬运工和吊车工

不惑之年时,我的人生曾走向低谷。我觉得像是一场梦!为什么?昨天的事情还历历在目。那时候有领导的关怀,有热心喜爱我表演的观众,可是突然我就成了大家眼里的"黑线人物"。

记得当时我从天津将自己写过的相声作品搬到北京,我想让大家给我提提意见。谁料到,我的作品一下子就被认为是"毒草",人人都来批判我。这期间又因为我的相声创作和表演在当时很有影响,我又被戴上了"反动权威"的帽子。

不久又将我这种"黑线人物""反动权威""牛鬼蛇神"向各地疏散。

那时,我不得不离开了我居住十多年的海军大院。我手

第三章 秋

中拿着半张公文纸，那是一张"返还"原籍天津的函。上面写着：常宝华"在无产阶级文化大革命"中犯有严重罪行，属于敌我矛盾。按人民内部矛盾处理，行政职务降两级。于是我被发配到天津机床厂，成了一名搬运工。那时候，我在工厂除了当搬运工，我还干过开吊车等力气活和一些杂活儿。

记得有一次我开吊车，物品吊上来放下去本应该听我指挥，这次吊了一个3吨的活儿，吊车离地面还差几尺时，有位年轻人他不听我指挥，结果就听"咣"的一声，吊车就把底下的机器给砸了一下，当时我的脸就吓白了。我是真害怕，我怕的是说我故意搞破坏，那问题就大了。在这时候一个老工人急忙过来对我说："一会儿车间主任来问情况，你什么也别说……"不一会儿车间主任就来了，问："这是怎么回事啊？"那老工人就说："我让他撂地撂早了，车床子给砸了一下，没大问题。"结果车间主任就走了。这次要不是这位老工人替我解围，我当时的处境真是不可想象啊。

在这期间，我生活上是很拮据的。有一件小事，让我无法把它从记忆中抹掉。我曾和徒弟牛群谈起过这段往事：有一天，我下了夜班，肚子饿了。一摸兜，腰里就剩了七分钱。我便挨个儿在早点铺那转，挨个儿地把价目表看看。我想找那个价格最靠下、最便宜的早点，买上一点儿先垫垫肚子。可最便宜的面茶也得八分。我这儿只有七分，就差一分钱。嘿！当时给我心里是真急啊，那才叫一分钱难倒英雄汉啦！

- 119 -

我心想,就差一分钱,我要是去偷去抢,恐怕得算犯罪,那种事儿我坚决不能干。可我要是在地下捡一分钱用了,这不能算犯法吧?想到这儿,我就往地下寻摸。东寻摸,西寻摸,一直寻摸了好半天,愣没看见谁有一分钱丢在地上。这时我的肚子一个劲儿地咕咕叫。唉!没办法,我只好空着肚子坚持着回家啃窝头去了。

这件事对牛群的感触似乎也不小,1986年他将它写进一篇叫做《记"文革"中我老师的两件小事》的短文中。

我在天津机床厂的这段经历,我把它作为了体验生活、积累素材的过程。所以在劳动改造这六年中,我创作的作品也有十余件呢。

当时工厂有人就幽默地说:"我们这里暗藏着个体验工厂生活的相声演员呢。"

常宝华在中央电视台"艺术人生"的舞台上讲述艺术人生的故事

相声《帽子工厂》

您看过这场面吗？很多观众坐在树干上听相声

1976年我们英明的党中央粉碎了"四人帮"，当时给我恢复了名誉。想起来那段时光里曾给我戴了七顶帽子，打成反革命，正好我就以"四人帮"为题材写相声吧。

那么写相声写什么呢？我就以《帽子工厂》为题目，编写了大快人心的相声作品。

说实在的，当时"四人帮"的手段就是扣帽子，他们的帽子太多了，大帽子、中号帽子、小号帽子，什么帽子都有。我以这个为题写了一段相声，写完了以后影响太大了。

影响大到什么程度呢？我们在天桥剧场公演三天，老百姓看完以后，有的观众到了后台给我道谢，说："常老师，可得谢谢你，你们在台上说了我们不敢说的话，说了我们要说的话。"这些观众热泪盈眶地向我们表示感谢。你说这样的观众能不感动我们演员吗？

记得在当时表演《帽子工厂》的节目，要说轰动了全中国，我看也不为过吧，大家都知道有个《帽子工厂》的相声。我们那时就应社会需求到各处演出。

我演到什么程度呢？可以说，每天我都得演《帽子工厂》。为什么？各个部、各个委、各个局甚至各个基层都在欢呼粉碎"四人帮"的胜利，都要让表演文艺节目。老百姓首先就提出要听相声《帽子工厂》。

当时还不时兴给演出费呢，没有什么劳务费。说实在的，就是人家请我们吃饭都没有时间吃，我最多一天演过七场。七场怎么演呢？比如说，晚上我先化了妆演出，我演完了不能卸妆，我赶紧穿着服装带着妆，那边车已经准备好了就要发动了，我上了车去到别的单位再演出。我一天演七场，累吗？真累，可累完以后，心里边有这么一种成就感，有一种满足感，就觉得我们的相声是个武器，可以为老百姓说话了，可给老百姓解了心头气了。

至今我都深有感触，我们的相声要想受老百姓的欢迎，那就要写出或演出老百姓的生活，写他们所爱、写他们所恨，只有这样才能有观众的喜爱，我们相声是有生活的。所以这个题材在当时来说，应该是一个很受观众瞩目和欢迎的相声。

我最想和观众说的话就是，我有生之年还想，有可能的话，写出好的作品奉献给我的观众，顺势延绵

后来有时我们演不过来了，有的演员学完了《帽子工厂》，他们就照样演。这样演这个节目的演员就多了，应该说是普遍开花了，全国各地都可以听到了。不一定是我在说，也可能是别的人、我的战友或是其他相声演员，他们都在演，形成了我们用相声这个武器能够和敌人作战，而且我们是胜利而归，这应该是很值得我们荣耀的事情。

赴大洋彼岸演出

1984年12月伴随着改革开放的春风,中央人民广播电台应美国中美影视公司和国际娱乐公司的邀请,组成中国说唱艺术团赴美演出。中国的说唱艺术到西方国家去公演,这在历史上是首次。

为了弘扬祖国的说唱艺术,我们组成了阵容整齐的演员队伍。唱京韵大鼓的孙书筠,唱梅花大鼓的藉薇,说山东快书的赵连甲,唱苏州弹词的邢晏芝和邢艳春,都是科班儿或曲艺世家出身,在国内享有盛誉。相声演员就有四对儿,有侯跃文和石富宽,师胜杰和冯永志,我分别与侯宝林和常贵田搭档。艺术团艺术顾问是侯宝林,演出队长就是我。

我们首场演出是在美国纽约。第一场我们就在麦迪逊广场花园中心演出。他们的场地能够装多少人呢?是能够坐4600席位的大剧院。他们那个舞台呢比较大,能够一直伸到这些观众当中,形成一个圆形了。一位出身于杂技世家,后移居美国的海先生说:"各国第一流的文艺团体来美国公演,都要争取到麦迪逊来演出。我们出重金租用剧场,宁肯赔钱也要把祖国的曲艺提高到国际水平上来。"

那年我们去了以后啊,说实在的,他们那有很多的华侨开始还真不相信,说慰问团会来吗?他们能来吗?后来我们到了纽约,就是我说的这个演出场所,在演出的地点要卖票了,他们还半信半疑呢,说我们来不了。当然有的人呢,就为了证实我们是否真来演出,就把演出票早就已经买了。

笑口常开,乡音绕梁

我们到了美国,就在这个麦迪逊广场花园的广场演出了一场。恰恰是我们没有想到,咱们华侨也是愣没想到,演出时满场坐满,真是座无虚席,一票难求。观众中大部分是侨胞，有的老华侨坐着轮椅，有的架着拐，还有的戴着氧气袋，也有美国朋友。我们演出的南北曲艺、相声的叫好声和鼓掌声不断，我觉得那影响力是很好的。

那场演出是我和新凤霞的女儿吴霜（她做英文翻译）做主持人。我说道："亲爱的观众们，我们中国说唱艺术团到美国进行访问演出，是为了加强中美两国之间的文化，更是为了探望久居海外的亲人们。"此时台下暴风雨般的掌声，我们的演出太受他们欢迎了。

我和侄子常贵田合说了《大相面》《报菜名》相声，又为侯宝林捧哏，演出了压轴节目《猜谜语》和《阴阳五行》。最后一场节目演完了以后，观众都不愿意走，找演员签字合影。甚至于都散场了，我们一再地谢幕，献完花，又谢幕。几次谢幕，观众啊，很多观众都不走。

晚会进行了两个多小时。散了以后，最后还有好多的观众没走。有的围着侯宝林，有的围着我。围着侯宝林的，那不用说呀，侯宝林是个"大腕儿"。围着我的呢，有人就说："我们都是当年启明茶社的观众。"有人还对我说呢，现在你长大了，那时候我们看你演出的时候你还是小孩子呢。

我们这个艺术团在美国呢，去了好多地方演出。就这样，在纽约、华盛顿、洛杉矶、旧金山四城，我们演完了预定的九场节目。又加演两场，仍满足不了需要。外电的评论是：首场演出，风靡纽约的观众；妙趣横生而又雅兴盎然；语言隔阂难挡艺术魅力；等等。

我亲身感到了，相声这门中国民间艺术在大洋彼岸找到了知音。至今，我仍为海外侨胞的热情所感动，同时也为能给他们带去欢乐而由衷地高兴。

常宝华（前排左四）赴美演出合影

常宝华出国演出期间

相声是一门以语言为主的喜剧性说唱艺术。常氏相声传承中一直坚持三个原则:有思想、有生活、有技巧

相声的误区

一、大腕儿

"大腕儿"这个词,行话是旧社会行会观念的产物,早就应该抛弃的,但是有的相声演员误解为"不说行话不算门里出身"。"大腕儿"一词可以说家喻户晓,但又谁能说清"大腕儿"的内涵呢?如果顾名思义为"耍手腕",害人不浅。都知道"一分耕耘一分收获"的道理,试问哪一位有知名度的演员、作家是靠耍手腕获得的才艺呢?这个"腕儿"放在谁的身上都是解释不清的!

常宝华和马季大师切磋相声

曲艺界对有声望的演员称之为"大蔓",据传是从盗匪称首领黑话为"大万"所演变而来的,老一辈解释为植物花蔓儿。即有肥沃土地的栽培,有园丁的精心浇灌、修枝、剪枝,才能使花蔓儿开花结果。我觉得土地指广大观众,园丁指授业老师,有艺术造诣、知名度很高的演员又将艺术传授给后代,即是开花结果,薪火相传。

如果把"蔓"谬误为"腕",是错误的。到任何时候都不要忘记人民大众是培育我们的衣食父母。

二、说、学、逗、唱

相传,清代咸同年间,有一位唱八角鼓的老艺人叫张三禄。由于当时正值国孝,一律禁止响动(乐器)演出,他只有放弃演唱,悄悄地到集市、学会改说单口笑话,有时也唱各种小调,模仿各种人物,调侃为"说、学、逗、唱"。张三禄作为相声第一代传人,这四个字不是老艺人实践中的总结,而是从《拾不闲》中摘用的。

《拾不闲》是古老的曲种之一,其中有发四音的曲牌,多用于喜、寿堂会演唱。摆一桌,桌椅披盖红绸。中有方面桌,上有横楣,左右竖幛,红绸绣金字,上联"吹、打、拉、弹",下联"说、学、逗、唱",横批"八仙庆贺",当中一人为打鼓叫"掌正",由他领唱,左右八个人手持大钹、盖小钹、小锣等打击乐,八人合唱。

"说、学、逗、唱"已成为相声密不可分的表现手段,历年来相声沿用,时至今日也未失"说"的本色。这里的"学"和"唱"都是为内容而模仿,但有的演员被误导以唱为主,"一唱三火""说不如唱"。

相声是语言表演艺术,演员要把语言和表演的基本功放在首要地位,固然唱功非常重要,但不是唯一重要的。如果把能唱加"包袱"就算作相声,就是"说、学、逗、唱",这似乎是对一些人的误导。

常宝华和侯宝林大师切磋相声

三、能说、爱逗、耍贫嘴

如何挑选和培养相声演员的苗子呢?作为青少年,有的爱说、能说、会耍贫嘴,这只是他外向、开朗的一面,是当演员优越性的一面。但是要看他能说什么,如果唠叨、编瞎话、无理搅三分,这和做个相声演员是谈不上的。

爱逗、调皮的孩子是天性,也不能单以此看作是相声演员的苗子。耍贫嘴和说相声是两码事,把说相声当作耍贫嘴当然是极大的误区。

如果有的爱说,能把事件说得有条理、讲清楚,模仿力强、绘声绘色、具有先天的幽默感,而且勤奋、好学、非常热爱相声、口齿清楚、声音条件好、相貌端正而又喜人,才算是可培养的好苗子。

四、随意和灵活

随意和灵活是两种不同性质的概念,我们要提倡灵活性,反对随意性。随意是为所欲为,我爱怎么说就怎么说,想怎么动就怎么动,完全脱离了相声表演的轨道。灵活性是受着表演规范的约束,规定性和灵活性是相辅相成的。比如演员要根据不同的演出场地、不同的演出情况、不同的观众,利用不同的氛围来决定相声内容、情绪、节奏、角度,它可以根据各种变化而变化。

灵活表现在演员和观众的互动上,把观众分散的精力要完全集中在演员所演的节目上,就要把握灵活的功力。要做到演员牵动观众的思维,随着节目情节而变化。灵活性是有章可循的,而随意性则是杂乱无章。灵活是演员的修养,随意表现则是无奈。

相声表演要既严肃又诙谐。老一辈艺术家张寿臣先生上台具有博学、老夫子风范,捧哏有"小圣人"之称。侯宝林先生有学者风度。常宝堃先生上台喜人，有大将风度。

五、包袱

"包袱"是相声艺术的特殊手段，它和"插科打诨"是两个概念，不可混淆。"插科打诨"指一个动作或一句玩笑话也会引起观众的笑声，如京剧中的丑角、二人转、小品都有插科打诨。"包袱"是诸因素组成的，作者专门设置的笑点，必须要铺、垫、结、解、支、翻等手法合为一组。相声通过"包袱"来呈现故事情节的发展，揭示中心实践的矛盾。"包袱"要贯穿节目始终，所以老一辈称相声为"包袱活儿"。它的功能是"插科打诨"不可代替的。如果认为相声中的"包袱"可以多多益善，这个误区带有普遍性。赵佩茹先生有句名言："没包袱不是相声，包袱多了不一定是好相声。"一般出自故事情节或紧紧围绕它即"活儿"本身里的"包袱"必然是有限的。老一辈所指"包袱多了"，是指离开"活儿"本身，游离主题、牵强附会等此类"包袱"，即便效果强烈也是有损无益的。我觉得业界里的一些年轻的相声演员，要纠正以上所说的"包袱"！

六、形式和内容

形式和内容这两个方面是相辅相成的统一体，内容决定形式，形式表现内容。比如：我创作的《追溯》反映两代人的婚姻，用两代人的自述对比，所以才产生无交流的形式。形式主义表现为先考虑形式，所以"群活儿"、化妆、伴舞等都是从形式出发。

说说相声的创作

说起相声,人们就想到"学、说、逗、唱"。它是曲艺的总称,不是专门给相声的定论。以前的时候,相声包含在曲艺的范畴内,没有曲艺这个词,相声在杂耍这个圈子里。杂耍里边,说、学、逗、唱、耍、变、练全都有,统称叫"杂耍",这是原来的叫法。

解放后,周恩来总理看了我们的节目说,你们应该另起一行叫"曲艺",另外这个杂技很好,就叫"杂技"。于是就分出了曲艺和杂技。

如果把"学、说、逗、唱"作为相声一劳永逸的四个字,我想是不太科学的。相声本身这两个字就很科学,"相",表演,表演世上所有的人物;"声",语言,通过语言刻画人物,通过人物归并语言。这两个字紧紧地缠绕在一起,谁也分不开,多么科学。可是有的相声演员他就是不从这方面去挖掘。

相声是从旧社会,从土地上"滚"出来的这么一个形式,逐渐形成现在的艺术样式。所以,我觉得相声不是耍贫嘴,不是拿父母、妻子等来取笑、出洋相。这些东西都是旧

的东西,我们要彻底消灭这些东西,要把相声变成一个清新的、雅俗共赏的、让观众爱听的,还要接地气的艺术。

说到接地气,怎么就接地气了呢?我觉得更重要的是两个字——生活,必须要深入生活。毛主席在延安文艺座谈会的讲话,老早都谈过这个问题,他说我们要生活到广大工农群众当中去,观察、体验、研究、分析各种人和各种事物,不是一种人而是各种人,不是一种事物而是各种事物。所以说我们还是应该按照毛主席这个讲话的精神,来搞我们相声的写作。把过去的那些旧东西铲除掉,这才是我们今天很重要的义务和工作。

相声演员不一定嗓子都很好。当然如果你模仿力强,那自然很好,但是不一定要唱相声。相声本身是说相声,有的演员唱了一辈子,到头来不会演。为什么不会演?因为他总在唱了。现在不是也有吗,嗓子好,马派、谭派他都能学两句,他就奔着唱了。

另外一个,相声是什么呢?相声是讲故事。故事,什么故事?就是谈生活。没有生活,就犹如无本之木,又凭什么说是文艺工作者?我们应该把相声提高到什么呢?就是毛主席提到的文艺、文武两条战线,很重要的一条战线就是文艺工作。相声在文艺工作里是举足轻重的,是很有分量的。

我们要多观察生活,多研究生活,多反映生活。生活是老百姓所离不开的,所以它接地气,也就会受观众的欢迎。记得我当工人干活时,有个人的形象到今天我还记得。

我在二车间生活了很长时间,后来有人就提出来让我到宣传队,说是在一个礼拜之内,看你能不能够写一个连排带演的相声。

一个礼拜?我说可以,当时我满口就答应了。那么,我有那么大本事吗?我觉得我的本事有限,但是我的生活经历充足,所以我就答应了。答应以后,我就写了一段。写完以后,在我们工厂演出的时候,那简直是太受欢迎了。因为说的是工厂的事,我把人物重新刻画了,但还是他们熟悉的人物,怎么能不受欢迎?所以说,生活是相当重要的,这就叫接地气。

比如说,我创作的相声《追溯》,它是怎么写出来的?实际上是从生活上来的,是在反映一个社会问题。它说的是现代人以离婚作为社会进步的标准,这种认识是错误的。不是谁离婚谁就进步了。我们要问一问,为什么离婚?所以当时我接触了不少这种人,也了解了不少这样的材料。可是这样的材料,我虽然了解了不少,但我怎么写呢?题材有这样的、有那样的,如果用对比式呢?但如果有不同的婚姻状况、不同的遭遇,能不能以这种形式说明问题呢?

我问了很多人,很多人都是否定的态度,说不行,不行!当时我有个拧劲儿,别人越说不行,我就越要写好。你说不行,是因为你没有经过实践,你的结论就是"不行"。我在实践当中,产生出了"追溯"这两个字,最后写成并上演,得到社会和观众的认可。不少观众觉得这个节目形式非常新颖,在当时也被称作"新相声"了,当然这个相声从形式到内容上面都有创新。

另外,观众认可不认可?认可,那就说明在实践当中是成功的;观众不认可,在实践当中就是失败的。好作品要以我们敬爱的、我们的衣食父母欢迎不欢迎作为标准,你说是吧?

常宝华在写作相声剧本

常宝华一直保持写作和记日记的习惯

说好相声的基本功

演员的语言和表演的基础是说相声全方位的基本功。

说好语言要练气、音、字,三位一体密不可分。气是动力,要练横膈膜(丹田)深呼吸运气。只有气足、气顺、气畅、气通才能学唱自如,贯口流畅。

练声即吊嗓子,是基本功的重要环节。因要因"声"制宜,音窄练宽、音厚练高、练声音真假嗓。要有的放矢地练习。说话要达到声音甜美、圆润,刚中有柔、柔中透刚,富有弹性,使声音悦耳动听。

吐词清楚、吐字准确,字字入耳、自然流畅。练习吐词咬字是基本功的重中之重。为此要多练绕口令、贯口,最后练到快而不乱、慢而不断、低而不哑、高而不喧,迟、疾、顿、错,节奏有序、起伏明显。

体型基本功也是重要课程。初学者上台常手足无措,无目的地背手、揣手、弓腰驼背、腆肚耸肩等。不仅损害美的形象,更显表演无章。演员要站有站相,走有步伐,每一举动构成舒适画卷。

面部训练，要使面部肌肉松弛自如，要对照镜子练习喜怒哀乐各种表情。相声表演是一人多角色，瞬间变换几个不同的人物，没有这个训练，是难以完成表演的。表演时不仅要形似，更需要神似，通过脸上表情透视出人物的内心世界。这就需要观察、体验生活的基本功了。

无实物表演不仅是戏曲表演的基本功，也是相声表演者的必修课。因为相声表演就是模拟人物和动作，表演要真实。

这张照片背面记述着，1976年12月9日，常宝华和常贵田赴重庆市曲艺团传经送宝

如果冬天来了,春天还远吗?让我们拥抱相声美好的春天吧

第四章 冬

相声在美学里面是站得住脚的，相声是很美的一种艺术。相声是民族优秀文化的国粹。

祭文
——哭好老伴儿富天真

常宝华与老伴儿富天真（右一）接受采访

1947年，我俩都不满十七岁，尊父母之命结为夫妻，共同走过漫长的六十八年，做到了有福同享，有难同当，相濡以沫，白头到老。

我经常下部队，是老伴儿把一生的精力完全倾注在家人身上，对五个子女的哺育、培养，家里家外、大事小情，一切重担完全担在肩上。无论我外出数月甚至长年之久，每次

第四章 冬

回到家中,孩子们总是穿戴整齐,家里也是窗明几净、有条不紊,但老伴儿从不说一声埋怨话。我在事业上小有成就,和老伴儿对我的支持、帮助、宽容、谅解是分不开的。在我的内心深处,有着对老伴儿一生弥补不了的歉疚。

老伴儿在矛盾是非面前,做到了小事不计较,大事不迁就。"文化大革命"期间,我蒙受了不白之冤,遭到迫害被复原,老伴儿被威胁和我离婚。一向少言寡语、性格内向的老伴儿,像变了一个人似的,与他们据理力争:"是你们了解常宝华还是我了解常宝华?"问得对方哑口无言。当要把全家发配到延庆地区当农民时,老伴儿站出来说:"政策有规定,天津参军,复原仍要回天津。"由此我们全家躲过了一劫。在天津工厂,我当了一名搬运工,每月工资只有五十七元三角,很难维持八口之家(包括岳母)的生活。老伴儿买了一台缝纫机,每天刺绣,虽然每绣一件只有三分钱工钱,但是每天都要刺绣150件甚至200件,这样一直坚持了近四年之久。

老伴儿一生以勤俭持家为本,用勤劳的双手为孩子们纳鞋底、鞋帮,缝制棉衣、棉裤,让他们每到春节都能穿上新衣服,可是自己却把大哥当年演播剧要扔掉的旧西服上衣,翻改成女装穿了好几年。

我老伴儿是一位伟大的慈母,对五个子女关怀备至,直到他们成家立业,仍然帮助解决各种困难和问题。老伴儿在年近半百时还把外孙女接到身边照看,对第三代、第四代疼爱有加，还为孙辈每人作一首诗，为他们指出努力方向，给予他们坚定力量。

老伴儿时常说，"生活不能往上比，要往下看，知足常乐，吃亏是福"，这已经成为全家人的座右铭。

老伴儿放心吧，我相信孩子们一定能够做到，您永远活在我们心中，您一路走好，我的好老伴儿！

常宝华一家人

第四章 冬

胜杰,难得的好演员

胜杰在我心目中,是难得的好演员。他不仅仅限于台风儒雅、亲切自然、声音甜润、口齿清楚,难得的还是在于他能够准确地把握作品的全局,通过表演体现出他二度创作的非凡功力。

他亲手创作的作品并不多见,可是由他表演的众多作品当中,他能使一般的作品通过他的二度创作,能达到突出主题、布局合理、语言流畅、繁简得体,从而使节目转弱为强、转温为火。如果是好的作品,他会表演得如鱼得水、锦上添花,其中体现出他对相声艺术深刻理解的才智。他喜欢也善于表演有思想、有内容的故事情节,有人物个性的作品。他所关注的是相声的品位和格调,思考的是社会效益,即观众需要得到什么,体现出了他对艺术的责任感和审美观。

人们对他的表演是这样形容的:他的表演不是豪华别墅,更不是配备酒吧的洋房,而是一座青砖灰瓦、磨砖对缝的四合院儿,使人感到清新、质朴、愉悦、实际,贴近群众生活。人们听他的相声是一种享受。相声是他表演的吸引力和感染力与观众交流互动的结果。可以说,良好的观众的口碑胜过金杯、银杯、各项奖杯。

我还记得早年,他在全国相声大赛表演的《好市长》这段作品,在原建邦同志原作基础上,他加以修饰、润色,演出后获得一致好评,荣获全国一等奖。按创作常规写一位市长的真人真事,我作为作者是不敢想象的,它不是影视、更不是话剧,只是两千多字、十分多钟的相声,既不好写,更不好演。但是当我看到师胜杰的表演使我耳目一新,受益匪浅。仅从"市长"关心群众"厕所难"和"买豆腐难"的问题,勾画出领导干部为人民所想的全貌,的确是浅出深入、以小见大的好作品。他给观众留下联想的空间,想象出难忘的"市长"的形象。胜杰表演的魅力,正是来自他对相声艺术的悟性和灵性。

我和他曾演出过一些节目,如《白字先生》。有些演员也曾演出过,但能够准确地把握"白字先生"这个人物,非胜杰莫属。他表现出这个人物夸夸其谈、不以为然、故弄风采,在不自觉当中白字连篇,使观众感到这样的人可气、可笑,又可怜,他能深层表现出人物的内心活动,使观众领悟到人物的人格缺陷,就不仅仅是白字连篇了。他的幽默含蓄,收到很强的效果。又如他在模仿人物中"醉酒的""口吃的""调皮的小伙""羞涩的新娘"等各种不同人物形象,从年龄、性格、特征、心理,都会使观众如见其人、如知其心、活灵活现、栩栩如生。他把影视、戏剧、台词、自信心、真实感等诸元素和相声表演融为一体,博采众长,吸取多方面的艺术养料,来充实和丰富相声表演。

他的学唱有的作为辅助手段,也有专门模仿唱腔,如他唱的东北二人转,歌曲《摇篮曲》,其音准、节奏、音色又不逊色于专业歌手。他委婉的唱腔楚楚动听,真可以催人泪下,听其学唱,我看到他的功力极深。

师胜杰是相声世家出身,孩儿时,相声场子成为他襁褓时代的摇篮,渐渐地使他熏陶渐染。由于生活所迫,童年便走向舞台。好梦不长,少年时期,在反常的年月里,他的苦难一言难述。在未成年时就奔向了北大荒,真是天荒、地荒、无处不荒,就是他的心不荒,死心塌地,一个心眼写相声、演相声、钻研相声。

常宝华与师胜杰说相声

20世纪70年代末期,正是文艺再复兴发展时期,全国从地方到部队文艺部门,都在挖掘文艺人才。胜杰是个好苗子,已成业界共识。他就是因为父亲蒙不白之冤,他一而再、再而三地失去机遇。可是他并没有灰心丧气、听天由命地消沉下去,他不怨天尤人、不气馁,他仍然默默地实践相声、苦苦地钻研相声。直到他已年过半百,人事关系仍然依靠在哈尔滨文化馆。

有人说,演员有才加上机遇便可如日中天。机遇是事物的巧合,是可遇而不可求的。可以说,胜杰和机遇无缘,今天的他不也是功成名就、如日中天吗?逆境出人才是真理。他的成就无疑是在艰辛的岁月中,是用几十年的汗水和泪水以顽强、拼搏向上的精神换来的艺术成果。这里我仅仅是概括的描述。要说胜杰难得,会得到众人的默许吧!

常宝华剧照

常贵田谈四叔

常贵田

常宝华与常贵田在演出

我的四叔是常宝华老师。1958年我刚十六岁，我父亲常宝堃在朝鲜牺牲了。我还小，为了我的前途和成长，常宝华老师就带我参加了海政文工团，成为一名光荣的解放军文艺战士。

很长一段时间我与四叔常宝华合作演出，我们既是搭档又是叔侄,更是战友。我们两个人为基层官兵演出,走遍了大江南北,从北边的鸭绿江口一直到南边的北仑河口。比如:就从《说海》说起,我国这一溜海岸线我们都去过,我们的足迹踏遍所有的省份。我们为祖国、为人民努力工作,后来在文艺界有了"二常"的称号,我们并肩战斗,努力为部队、为文化艺术界作出贡献。

记得我们一起到福建演出,慰问前线战士。当时正是炮击金门之时,遇到紧急情况卧倒,四叔常宝华就把胳膊搭在了我的身上保护我,我当时特别感动,真正感受到了父爱。

常宝华既是我的四叔,也是我的老师,他是我钦佩的人!

借此次出书,我问他老人家好,祝他健康长寿!

常宝华与常贵田一起说相声

父亲的故事

常晓兰

老百姓是有故事的,点点滴滴都是生活的真实。这次出书,我自然也想只言片语地谈谈父亲的故事,有些是小时候和少年时期留下的一些印象。但这些对于我来说,都是非常宝贵的经历。

一、用情、用力、用艺术做好工作

20世纪80年代初,父亲作为全军文艺慰问小组的队长,带领十一位相声演员到老山前线去演出。当时我就听人形容过老山的战士那种艰苦情况,父亲就是为国家效劳吧,所受的艰辛、作出的无私奉献,确实是让我很受感动。

后来不论听我哥哥常贵田说起这件事,还是听父亲说,或是听别人说,几乎每人听后都哭了。父亲他们到了前线看到那些战士,有的演员真是还没演出就先掉下了眼泪。我父亲和慰问团人员到病房里面去看战士,一看那些可爱的战士是不到二十岁的孩子,那边气候特别潮湿,在洞里面根本无法穿衣服。因为湿度过大,衣服都是潮湿的,很容易贴在身上,除了让人非常难受以外,还极容易生皮肤病,甚至全身溃烂。

这些战士刚开始时穿着衣服，但是身上总汗渍渍的，裤裆都烂了，后来小战士的身上就剩一个小裤头，看到慰问团来人了，就在那儿鼓掌。他们猫在战壕里，要不然为什么叫"猫耳洞"。"猫耳洞"就是在一个小的土窝里，一猫就好几天，蜷缩在黑暗肮脏潮湿窄小的洞中，洞里有老鼠、毒蛇、蚊虫。

我和我父亲讲，您千万别告诉我母亲，您在前线很危险。其实，我母亲也知道，因为那阵儿她跟我说过，父亲总是坐第一辆车，肯定是有危险的。那里有很多未排除的地雷，有时候必须得有一个人一马当先地先通过。父亲要求坐第一辆车，他知道这是最危险的。但是父亲就坐着第一辆车毅然决然地冲过去，要不然也没有其它的路到达前线。这就叫身先士卒吧，所以说这都体现出一个军人的天职。

父亲的工作生涯里，在1962年，这一年里近九个多月他在西藏慰问演出。那个时候我也在文工团，但是我父亲是穿着陆军的衣服，因为他们是全军组织的慰问团，一直工作在西藏。

我记得很清楚，父亲从西藏回来的时候我们正好在天津，整个曲艺队都到天津去了。到天津以后，听我母亲说，那阵子根本就不让我父亲马上进屋，因为他身上全都是虱子，要把衣服和鞋都脱到外头。不单是虱子还有馊油味儿，浑身全是油的，坐哪儿都是油。

那一段日子他真是特别艰苦，遇到过风暴，遇到了前所未闻的民族习俗。比如说他在那儿演出，一大操场的牧民就是当地人，表演完了以后，场地到处可看到一泡屎一泡尿的。当时西藏文化和环境比较落后，你到那儿就得承受这个现状。还有

高原反应和饮食不习惯等。

这近一年的时间方方面面都特别艰苦,但是父亲依然很乐观,哈哈哈哈地说没事,然后拿出很多照片给我们看。那里的小孩都是赤身裸体的,我说那儿的人怎么这样啊,他说那儿就是这样。

我记得1996年的时候,我有幸到威海去参观了刘公岛。当时我去了以后,我想在这部队里给我父亲打个电话。后来人家就问我:"你是哪位啊?你的父亲是谁啊?"当得知我父亲是常宝华时,这一下不要紧,他们拿我当贵宾了。哎呀!他们的热情劲啊,让我很受感动。他们说:"你父亲在我们的印象当中是相当著名的表演艺术家,我们都喜欢他的节日啊。"

还有一次我到烟台,他们一听说我是常宝华的女儿,对我们相当热情,纷纷说父亲在这时,所有的海军基地他都去演出过。我感到父亲在部队当中还是很有影响的。部队的首长及一些战士,都是很熟悉并敬佩我的父亲。

我父亲是海军,据我的回忆,我记得我很小的时候,我爸就说西沙群岛、中沙群岛、东沙群岛、澎湖列岛,还有南沙群岛啊,所有的岛屿他都登陆过,都为岛上的战士们演出过,最少的就是一位战士,他也为此热情地演出。

他这一生在部队,去过全国各地演出,大概除了新疆地区没有去过,其它的大大小小的省份城市,以及咱们国家的诸多岛屿,几乎都有他演出的足迹。

他这一生真是挺辛苦、付出了太多,他全心全意地对待工作和尽心尽责为观众演出的精神,值得我们后人去借鉴和学习。

二、生活上能上能下很悠然乐观

有一件事情，让我比较感动。我父亲在20世纪60年代的时候曾经被打成"反革命"，然后回到原籍，分配在天津市一个机床厂当了搬运工，一干就是四年。在这期间他也表现得特别乐观，没有说很悲哀。他和车间的师傅、工人们都打成一片，相处得非常好。

我父亲原来在部队的工资不低，在单位来说算是知名度、地位和工资等都是比较高的，没有几个人是这个范畴。然而到了工厂，一个月就50多块钱，四个弟弟妹妹还都小，这样父亲手里的这些钱，也就将够大家温饱吧。但是他乐天知命。我父亲一路走来可真是很不容易。

我再讲一个小故事，那时候四分钱一碗豆腐脑，他身上可能就有三分钱他也到那儿吃去。真有一次，看人家吃得剩下了，他到那儿就吃这碗。要不然就是自己心里乐着想，谁能赏我一分钱，我就能买豆腐脑了。他骨子里就这样幽默，没有被困苦的生活所击倒。我觉得这是他的性格，开朗和乐观！

还有父亲每次到公共场合时，那种工人的本色仍然没有失掉，有一种天生的乐观在支撑着他。有时候我妈都跟他说："你要跟我去散步，你必须得换衣服，你这样油乎乎的我嫌寒碜。"但是父亲却不以为然。他的生活标准能上也能下。

1974年的时候，经过了风风雨雨四年的工厂生活，终于有了一个好的政策，让我父亲回到部队。那时正好我生下女儿辉辉，我们就住在天津市的香港路，我住在楼上。我生下辉辉不到一个礼拜，父亲就到北京去了。

到北京去了几天以后,有一天晚上,我就听见楼梯噔噔噔响,我一推门,只见父亲穿着一身军装,戴着两个红领章出现在我面前。因为看惯了父亲四年"油包"的形象,当时我的泪水喷涌而出。

这时父亲就看了心爱的孙女,他特别喜欢女孩,当时他抱着小辉辉对孙女说:"我太心疼你了。"我高兴地说:"真好,您又回部队了,您又是一个军人了。"父亲当时也没说什么,把外头这个军装一脱,里面还是"油包"棉袄。我父亲的心态特别好,荣辱不惊啊。

当时我这心里头可不好受了,只见他就拿自己那大拇指,量量这宝贝孙女那个小脚丫,想给孙女买鞋吧。然后又给宝贝孙女起了名字叫马春辉。为什么叫春辉?春就是春天的春,他感觉是宝贝孙女给带来的好前景。所以父亲对春辉很特别,对她有一种特殊的情感。

三、父亲对我们成长的影响很深

有时候经常想父亲真是疼我。那时候,我要回甘肃我的兵团了,他说无论如何让我别把孩子带走。因为那时我是文艺兵,不光是在宣传队演出,在部队山上山下的到处演出,河西走廊也都走遍了。他说:"你带着孩子,孩子这么小太苦了,你也不好带,把孩子交给我们,你就放心去部队吧。"那阵儿我母亲正值四十四岁,我父母就把我的孩子给带起来,一直带到成人。他们很不容易,所以我非常感谢我的父亲和我已故的母亲。

还有一件事情我印象特别深刻,就是我父亲为了搞创作,整个思想都深入进去了,他拿着钢笔写字的时候,我

- 155 -

妈给他炒了一盘鸡蛋放桌上,他就写啊写啊,完全投入进去了,他竟拿钢笔就插着鸡蛋吃。这是我亲眼所见的。

还有一个印象,就是我还没到文工团的时候,在海军大院住,我们还很小。那时房子比较紧张,大家都住筒子楼。因为我家的子女多,上级领导就分给我们一间特大的房子。我父母在房子中间隔了一个大屏风,他们在里头住,我们几个子女就在外头。

我记忆特别深的印象就是,父亲经常是半夜回来,他一直在外,总是晚上演出,夜里回来很多时候都是抱着一束花。那是观众给他的赞誉啊。他这一生真是挺不容易的。这种回味太多了。

我的父亲是一个挺正直的人,心地善良,把所有的心思和精神完全都投入在事业上,从来不在待遇方面伸手,我们兄妹几个没有一个当兵的,没给领导添一丝一毫的麻烦。父亲从小对我的要求挺严格,我也比较争气,从小就是好学生,是中队长,到了中学第一个就入了团。我1966年十六岁的时候就去甘肃了,在宣传队也是积极地申请加入党组织,最后终于加入了党组织。虽然是晚了一点儿,但终归还是入党了,这是父亲从小对我在政治上的严格要求。

父亲经常跟我讲辩证法、哲学。一个人应该怎么样,事物又应该有怎样的规律,这种叫辩证思维。我印象特别深刻。直到现在我每天都记日记,我的日记本可能有二三十本了。在生活中形成一种习惯,已经成为与我生活密不可分的一部分,就算只言片语我也记,流水账似的记一下,遇见大事了

第四章 冬

写一写自己的小心得，提高自己的文化，积攒一些历史素材。这些习惯也是受父亲的影响吧，因为他一直有写日记的习惯。

其实我的性格里有很多地方都随我父亲，妹妹常晓君的性格也有很多随他。父亲这个人有时候性格有点幼稚，实际上是很善良的，真的很善良。如：在家咱今天吃什么，想吃什么，只要你说出来想吃，他从来没有说不字。他给我的所有东西我都保存得特别好。他给我买的玩具小娃娃都留着呢，都五十多年了，我一直留在身边，保护得特别好。

我曾在中国京剧院工作过，他们老夸我，说常家的家训好、教育好，实际上这些都和父母的言传身教有一定的关系。父亲对自己的母亲和岳母都极尽孝道，十块钱也好，十五块钱也罢，七八十年代那就是一笔不小的数目，父亲一直给到她们终老。我们一家六七口人都仗着父亲一个人的工作付出，有时候我常和我弟弟妹妹说："我们上学，全部都是父亲一个人挣钱供养的。"因为我妈不上班，全职务家。

常宝华夫妇和常晓兰夫妇

爷爷创作相声的风格

常远

常宝华与常远

我是常家的第四代。我很小就接触相声了,大概是三四岁吧。那时我接触相声的时候,我根本就不知道相声是什么,因为三四岁也就是只知道玩的年纪。但是家里面就是做这一行的,我爷爷就教我学相声。但是那会儿只知道就是鹦鹉学舌,学话,你说一句话,我给你一块糖,就

跟驯练小动物的方法差不多,小时候是一直这样走过来的。长大一点呢,进入科班学习了,爷爷就一直告诉我,首先最重要的是做人,其次是学艺。

对于常派的表演,我的理解就是要有人物。因为相声表演是一种跳进跳出,它不像是现在我做的这个影视表演、话剧表演,是需要入木三分。相声它既是一个讲述者又是一个人物,就是他在讲这个故事的时候,要给大家交代这个故事。同时呢,有时候还要跳进故事里面,跳进来以后,我去扮演一个老大爷,扮演一个车夫,扮演一个小学生,要扮演很多的人。

还有,常派的表演及常派相声最大的特点,我觉得表现在创作上最大的特点就是讽刺,包括我们看到的相声《帽子工厂》,是讽刺"四人帮"乱扣帽子,还有爷爷与赵忠、钟艺兵共同创作的相声《昨天》,其实也是讽刺。我很佩服我爷爷,很敬仰我爷爷。我觉得我爷爷,他是一个非常能跟得上时代的人。

《昨天》这个作品中,就是那个年代,我爷爷写出来的一部穿越时空故事的相声。如果大家伙都看过我们演的《夏洛特烦恼》,就是讲了一个穿越的故事。其实在20世纪60年代初的时候,我爷爷等人创作的《昨天》这个作品里就已经涉及到了穿越。它讲述的也是一个老爷子,在旧社会时被别人打了一棒子,醒过来已经解放了。他还把这个社会当成旧社会去对待,他看见小学生过来以后,他还管人家叫"小少爷",他还停留在旧社会的那个年代。现在之所以会把这部作品看成为经典,就是因为:第一讽刺;第二针砭时弊;第三就是盘点,盘点当时的时事。能成为经典的东西,就是因为占到这三点。我觉得这是常派相声在创作上的一个很大的特点。

所以现在我在创作时,包括表演上,我都是遵循这几个方向,包括我们演的一些作品。比如说像《落叶归根》,在前几年,它也是因为那时候房子对于大家是息息相关,而且房子上的一些政策都是大家非常关心的,所以我们的闫非导演创作了《落叶归根》这个作品。当时也是因为它的针砭时弊,因为它盘点了一些时事,受到大家的喜欢。我觉得这个就是我对于常派相声,常派喜剧,常派表演的粗浅理解。

另外,我记得我第一次演话剧的时候,我心里很忐忑,爷爷去看我的表演了。看完以后,我不知道爷爷会做出什么样的评语。我想,他有可能说这孩子不务正业,他没把相声继承和发扬。

但是我爷爷上台说的第一句话是:"艺术万变不离其宗,无论是话剧还是相声,都是舞台艺术。"爷爷的话对我是个鼓励和支持。对我来说,我心里就踏实了。那我就踏踏实实地把我的舞台艺术,把我选择的这个影视表演,把它做好。我觉得,这也是对爷爷的一种安慰和孝敬吧。

笑谈果脯文化

提示：李滨声和常宝华两位老艺术家在生活中也颇具情趣，他们喜欢用语言和文笔歌颂民族优秀文化，而且都喜爱老字号的产品。2017年5月末的一天，他们因为北京红螺食品有限公司的果脯，坐在一起回味着这个不仅是北京人爱吃的美食，也是中外食客都喜爱的食品。下面就是他们从久远的记忆力挖出来的北京果脯文化。

常：老北京人都是什么时候吃这些果脯啊？

李：四季都吃，但随着节气和节日看吃什么。

常：咱们那个年代啊，或是过节啊，或是来个朋友啊，我们就摆这个果盘放着果脯。这果盘里，什么都有，俗称叫"杂拌"。可以说是老少咸宜都爱吃。

李：要说果脯自然是以水果为主，经过糖的腌制后加工成为一种不受季节限制可以储存的食品。品种最早呢，比较少，以苹果脯为主。因为水果受季节限制，不能四季都品尝到，那么后来就发明了果脯。

果脯虽然是水果做的，但是过去水果店从来不卖，甜食店和油盐铺也不卖。在哪卖呢？干菜店卖。干菜店可能许多现在人不知道，干菜店就是叫卖山珍海味的店。

最具代表性的是早些年在大栅栏街路北，有家老店铺南货店最富盛名，它不但经营果脯，更经营南北奇珍异货。它曾经是最大的卖果脯和山珍的，山珍包括口外的口蘑、关外的蒸品。海鲜呢，那就是鱼翅、鱼肚、海参、江瑶柱，江瑶柱就是现在的干贝。所以果脯跟这两个山珍海味是一个级别的，一般店铺都不卖。

今天人们生活提高，都尝到吃到果脯了，可是过去那起码是中等以上人家才享用的。

九十五岁高龄李滨声和八十七岁高龄常宝华同台谈果脯文化

常：您说，现在老人的生日啊，过年或是接待客人的时候，这个席面上把红红绿绿的老少咸宜的果脯盘摆出去，这显示的也是生活有品位啊。我们小时候那个果脯啊，在当时，是皇家贵族达官贵人吃的一种高档的小食品。

李：是啊，果脯在现在生活里不可或缺。你吃水果还要咬，老人和儿童有时吃起来很费劲。如果是水果罐头经过水煮、高温、加防腐剂做成，食用方便也利口。但是果脯呢，几乎是原汁原味，它保持了独有的色素、纤维素和营养素，一应都有，每个水果有它自己的特点。就说苹果只能出四块果脯，那么去了皮，是前后左右四刀，出这四块果脯。

常：我记得，我印象吃果脯时，老辈人和祖上都爱吃瓜条。有西瓜条我吃过，作为茶食，喝茶时，也清咽化痰。这西瓜条也是一种药材。

李：对，西瓜入药，过去都有西瓜膏。这个西瓜，过去跟现在西瓜不一样。过去西瓜有三种，第一种是绿皮，常见的，会有花纹，红瓤、黑籽，另一种是黑皮的，叫黑蹦筋儿。还有黄瓤的黑籽，这个30年代末就很少见了，是西瓜里最贵的了，价钱也很高，吃的人很少。据说，最早瓜条是西瓜做的，它是白皮、白籽、白瓤。西瓜品种不一样，口味也不一样，特别是切的皮那一段很厚，这个切下来的也是瓜条，经过汤煮后，就是到嘴就化，而且生津，老年人特别喜爱。

小孩呢，都找带颜色的果脯。果脯里红、黄、蓝、白、黑颜色都有，红的肯定像苹果和红果什么的，都属于红的。

另外还有一个是这杂拌里边有个品种是"白雪红梅",红色的是金糕条,白颜色的是藕片。切藕片要斜刀,即立刀切,制作时要找非常细的、比较圆的嫩藕。"白雪红梅"可能已经失传了,过去早年在30年代初40年代末,东安市场很常见。那时,在东安市场,一进门还有个卖糖葫芦的啊。

常: 现在超市里卖的红螺食品的马蹄小包装果脯很好吃。马蹄又称荸荠。这个荸荠入药我是知道的。它具有清热化痰、开胃消食的效果。荸荠还可以入菜,味道也非常不错。你比如做牛肉馅饼时,放入荸荠剁碎,味道非常好。这在以前是北京很熟悉的食品,过去北京水系很多,北京盛产荸荠。荸荠也分南北荸荠,北方荸荠比较小,制作果脯要洗,洗去泥,还挖去皮,非常复杂。现在有时可能用到的是南方生产的,个头非常大,也是很受欢迎。

李: 过去制作果脯时我也是听说,都要手动整形,制作的时候,先要打平,打平后用切刀切成小块,再用糖盐发酵以后做成。做果脯的原料一定是非常稚嫩,品种好的、果型正的、口味甜的做成果脯,所以做成的果脯食品,样子让人一看有品相,看后有食欲,拿起不沾手,看着鲜亮,而且果型很正。

常: 在我印象里面好像以前果脯没有这么多样。现在品种可不少,我看到草莓、紫薯、栗子、圣女果都在红螺果脯的品种里了。

李: 是的,过去果脯的确没这么多,因为果脯只限木果,水分太大草本的做不了原料。现在科学进步,都可以做。过程我也听过，用水清洗好多食材，现在都可以引进先进设备制作了，所以很多食品都可以利用了。有些食材制作时与辅料很和谐、很合理的，都可以用来做果脯。所以现在果脯的涵盖量很大，品种花样多了。

常：我想起来了，蜜供，多少年没吃过的了。

李：过去蜜供是塔楼式的，也有是散的，有"打蜜供"的说法。打蜜供就是零付整取，这是题外的话，过去的就是在点心铺，可以把零钱放在柜台上去，放五分钱、两分钱都行，放在这，那么到过年的时候呢，就是块八毛的起码能买一块蜜供，用这个钱就可以拿一套蜜供。这是没有任何手续的，拿走的时候有一个木盒，那个木盒封漆的，吃完了，送回来也没有压账一说。

常：过去的北京果脯是很叫座的。当初很早的时候有巴拿马博览会，中国食品界参加了不少的商家，包括煤产品和副食品也有参展。果脯作为咱们中国的骄傲，那时在巴拿马就已经响了名。

李：实际上那时候的果脯什么包装也没有，据说那时有红果落，也叫炒红果。为什么叫炒呢？因为满语在煎炒烹炸以外，熬煮炖等都可以叫炒，所以叫炒红果。

那时候有一种包装，包装上面有桃，那桃不是什么精致的，而是釉面桃上面披柚，蓝柚，两边有两个耳子，好像小香炉似的。这种包装在解放初期还可以看到。1915年，在美国旧金山举办的巴拿马万国博览会上，"北京风味果脯"的精湛技艺和独特口感、包装新颖，一举赢得了万国博览会金质奖。

露露手记

为了更好地传承优秀传统文化,弘扬老字号品牌和精神,北京红螺食品有限公司请李滨声和常宝华老师,谈谈果脯文化的内容。

这两位高龄老人,有着共同的特点:都是满族在旗人,他们都喜欢吃果脯,从旧时到现在依然是果脯的忠实食客。这两位老人,对北京传统小吃,尤其是果脯的历史文化、吃法有什么讲究是非常了解的。所以企业就请他们谈谈京味果脯文化。

采访中,两位老艺术家一问一答,或互问互答。他们思维敏捷,谈吐明快。那些久远的文化,让他们鲜活和生动地再现于镜头中。

我感到艺术都是相通的,李滨声的故事,赋予极强的画面感和民俗知识;常宝华的故事,语言幽默诙谐接地气,生活气息浓。在场所有人员,都为他们渊博的文化和表达能力,以及一丝不苟的敬业精神,投去敬慕的眼光。

不经意间,我时时感到,两位老艺术家的语言魅力像在说相声。也许有一天,被老百姓津津乐道的北京果脯的故事,真能编成相声作品,登上舞台,走出国门。

印象中的赵福玉

　　赵福玉，这个名字读者和观众熟悉的并不多。每年中央电视台春节晚会的相声会给亿万观众留下印象，就像观众看一部电影、系列电视剧，观众能记住主演演员的名字，导演、摄影师却不知是谁，许多工作人员更不知谁是谁。

　　这些幕后英雄的可贵之处，就在于默默无闻、埋头苦干。福玉就是幕后英雄。很多年春节晚会上的相声，大部分都渗透着他的智慧和汗水。多年来，他为中央、北京以及外地电视台各类晚会和栏目撰稿、编节目，为情景喜剧写剧本。中国曲艺家协会和电视台举办的相声、小品大赛邀请他当初评的评委，从审稿、修改、排练直到决赛。此外，他把主要精力放在了下连队，为战士服务演出上。

　　从他所完成的作品时间看，他在北京的大量时间都放在了相声的创作上。他出版了相声作品集，只是他所有作品中的一部分。他选出三十三件相声和小品作品，题材广泛、形式多样。每一篇作品都能体味到他观察、熟悉生活的洞察力，组织、结构、琢磨"包袱"的心血，贵在每一篇作品的主题都有一定的思想内涵。

福玉所创作的作品其特点有以下几个：主题鲜明，语言流畅，"包袱"不断，内容健康。既没有露、白、浅、标语口号式的图解，更没有粗、俗、油、野、不可耐的语句。多年来他伏案执笔，光相声、小品就有近六十篇，可见他把艰辛和心血倾注在了相声事业上。

我和福玉相识三十年之久。初识，他还是一个对相声一无所知的部队业余文艺小战士。我们建立师徒关系也很多年了。今非昔比，如今他已是师职干部，国家一级演员，曾在全国曲艺调演、相声、小品大赛和全军文艺会演中多次获一、二、三等奖。正是他的成绩显著，他所在的北京军区战友文工团授予他一次二等功，三次三等功。

用过他作品的电视台和单位称他为"好笔杆子"。他在圈内口碑好，大家都说"他是老实人"。在我作为老师的心目中，福玉是个不张扬、不吹嘘、不傲慢，一步一个脚印，脚踏实地、谦恭好学、很讲实际的人。两句话概括他：老老实实做人，踏踏实实著文。正是他老实的品德、踏实的工作才磨炼出一定的修养和素质。有这样的弟子（也是我的战友），我由衷地欣慰和自豪。

2004 年国庆

有位好师父是幸福

赵福玉

常宝华和徒弟赵福玉

我是相声演员赵福玉，我的师父是常宝华。有一位好师父是幸福的，他能让我在这个圈子里直着腰板。他教我说相声还教我写相声，他带着我演出。从1984年正式拜师到现在，30多年了。随着时间我们师徒的感情也是越来越深了，师父疼我，师父爱我。都说师徒如父子，这种师徒之情父子之情，是我们共同构筑起来的。我们都珍惜这份情谊。

师父是对相声视如生命的表演艺术家。只要我们在一起时，他说的都是相声那些事儿。现在他老了，参加社会活动也少了,在家里还是天天琢磨,琢磨的还是相声。只要电视里播放相声,他总是认认真真地看,有时还做笔记。

他对相声事业的这种执着精神值得我敬佩。这么多年了,他思维敏捷、幽默,对待作品还极其认真。他能给一段很平淡的相声里加上"包袱",使作品更加丰富、鲜活,这一点我是受益者。回想自己在艺术舞台的成长和进步,一路走来,和师父的培养、教育是分不开的。

有一件事让我很难忘,就是以前常宝华老师有一个段子叫《革命传统代代传》。它写的是一位老首长到海岛连队后,就和战士们一起同吃同住同生活。后来我就学会了这个段子。我演了以后呢,反响特别好。也因为这个节目,我被推荐到了北京。以后呢,我也就正式调到了北京,有了自己的专业,有了现在这样的生活。所以有一个好师父呢,是我的幸福。

我到现在也不忘师父的恩情和教育。比如说,对于一个相声作品,首先要看它有没有思想,没有思想就没有生活,就不接地气儿;再有还要看作品和表演时有没有技巧,只要有一个好"包袱",就能把人逗乐,这就不失为是好相声。另外,我也这样认为,单纯的"学、说、逗、唱"这是误区。如果走进误区呢,那就没有路可走了,那艺术的路就越走越窄了。好的相声呢,不能耍贫嘴。

我们相声界最重"孝"和"义",这是传统美德。

借出版此书的机会,我也谢谢师父对我的培养,祝福师父健康长寿。

因做帽饰生意与他相识

林 晖

北京黛嘉霓品牌 北京帽立方 manihut 品牌公司 董事长

我在北京做帽饰销售已经十多年了，我因这份事业与张青老师结识，由于她与帽子有着特殊的感情，我们非常谈得来，交往和友谊也日渐增生。后来她介绍我认识了她的两位老挚友李滨声和常宝华。随着时光流失、岁月积淀，慢慢的这两位老人也就成为了我的好朋友。我感到自己很幸运，从两位老艺术家身上我学到了许多知识。

现在我的企业想做强做好，我感到必须对员工进行专业知识的培训，在制定培训内容中，一个灵感触发了我。改革开放初期，我的父母和我都非常喜欢听常宝华老师说的《帽子工厂》的相声，这个作品影响很大，太受老百姓喜爱了。我想，能否请常宝华老师借这部与"帽子"有关的作品，给我们大家讲讲礼仪文化的课程呢？和张青老师商量后，她说："是啊，常宝华老师曾到美国、俄罗斯、瑞士、新加坡等高等学府讲授中国优秀文化，还多次办培训班，为大学生、曲艺学校、部队等人员授课呢。"我们马上与常老师联系，他欣然同意了。

记得2016年5月，已经八十六岁高龄的常宝华老师给我们的学员讲了生动的一课，他幽默风趣、平易近人，认真地讲述了他的作品《帽子工厂》的诞生，当然也结合实际讲述了帽饰和礼仪文化。我们有记笔记的，有照相的，有录音的，大家受益匪浅。最后常宝华老师高兴地与在场的学员合影留念。

一堂课，一份情，一生难忘。

此次借常宝华老师出书之际，我衷心祝福老人健康长寿，每天乐呵呵地度过幸福的晚年。

记《沧海一声笑》

张青文并图

2015年8月30日星光璀璨，是一个不平常的夜晚。常宝华老师从艺八十周年专场演出《沧海一生笑》在北京海淀剧院拉开帷幕。场内座无虚席，济济一堂，热爱文化艺术的人们兴致勃勃，充满期待。

这天，演员阵容十分庞大，场景盛况感人。这次演出的主持人是著名演员侯耀华和北京电视台主持人春妮。师胜杰、石富宽、常贵田、李金斗、李建华、曹云金、刘云天、苗阜、王声、常远、杨凯等相声界名家及演员老中青三代的代表登台表演。大家齐聚一堂其乐融融，观众捧腹大笑享受欢乐的同时，也感受着民族优秀相声文化的魅力。

2015年8月，常宝华与孙子常远同台演出《沧海一声笑》

此次专场演出的场景，被布置成古色古香的"启明茶社"正门。据常远透露，整台舞美的创意及设计是根据八十五岁高龄的爷爷常宝华的回忆临摹而成。其要表达的意义，一是"启明茶社"是由常宝华父亲常连安1938年在北京西单创办，在那个年代形成了首家以演出曲艺为主的文艺场地。二是"启明茶社"创新意义给当时的文艺界带来更

多的内容。例如,净化相声内容,摒弃低俗的荤段子,提倡"文明相声"及"零打钱"等,这些举措对中国相声事业的发展和传承都起到了巨大的推动作用。三是常宝华老师从五六岁登台演出,到现今已达八十载的从艺生涯。所以此次演出意义十分重大!

同时也为圆常宝华老师的一个心愿。什么心愿呢?当晚现场,常宝华老师动情地对观众说:"观众是我的衣食父母,我想念你们啊!"这句话道出了一位老一辈文艺工作者崇高的理想,对从事相声事业的热爱,对每一位观众的热爱,对社会、企业、老百姓的回馈和感恩之心!这就是老一辈文艺工作者境界的不同!让我们由衷的敬佩。此时,现场全体观众肃然起立,热烈而激动的掌声经久不息,也充分表达了观众对常宝华艺术家的敬重和热爱。

当晚演出后,不少观众请常宝华签字

在这天，常宝华和常贵田合演了相声《说海》；常宝华和孙子常远合演了相声《追溯》；常宝华外孙杨凯与梁洪昇合和说了相声《爱字病》等曲艺节目。观众可以欣慰地看到"常氏世家"一脉相承、薪火相传的家族文化和对文艺的理念。观众对常宝华老师及所有演员的精彩演出交口称赞，欣赏了一场相声的饕餮盛宴，现场叫好声和掌声此起彼伏。

相声界十分讲究师徒关系和讲义气，捧逗之间讲究一个"合"。当晚的演出中，一幕真情实意的谢师仪式缓缓展现。以侯耀华为首的徒弟团叩谢恩师，他们感谢常宝华师恩如父。此时台上台下笑中有泪，令在场众人动容。最后舞台上闪光灯频频闪烁，所有演员合影留念，记住这一珍贵而有意义的时刻。

第四章 冬

　　此次演出，还要感谢"开心麻花"的辛勤付出和筹划。并且经"开心麻花"、常宝华老师和常远等共同商议后，把所有盈利捐赠给下一届北京少儿曲艺比赛，作为比赛的启动资金。旨在鼓励更多的年轻人热爱和加入到相声的表演行业中，对中国的传统文化曲艺发展作出更多贡献！

常宝华和喜爱他的孩子们在一起，鼓励更多的年轻人热爱和加入到相声表演行业

1990年中国首届曲艺节，马三立、常宝华、常贵田同台演出

2006年9月23日至25日，由中国文联、中国曲协、江苏省委宣传部、江苏省文联共同主办的"第四届中国曲艺牡丹奖"颁奖系列活动在南京市隆重举行。常宝华被授予"牡丹奖"终身成就奖
（图片来源：《中国曲艺家协会60年》画册）

常笑艺海八十载

张青（露露）

提示：在我编著此书时，总有一个不解的问题在反复思索。是什么样的一个问题呢？在一般人看来，尤其是现代年轻人，在人生选择职业的道路上，都是根据自己的爱好和特长选择专业，这似乎对个人的发展前景是很重要的。而岁数大一些的人，比如像我们的父母这一辈儿的老人，大都没有自己选择职业的机会。他们在年轻时，或许是因为生活所迫，或许是只有选择去参加革命。当然也有一些人是子承父业学门手艺或技艺，像常宝华就是如此。

我在采访和整理资料中，深深地感受到，常老师的人生是挺有戏剧性的。比如说，他从小就不喜欢干相声这行，可是命运就是这样捉弄人，即使是不喜欢，他也干了八十余年，这正如"无心插柳，柳成荫"。那么，常老师对这一切又是如何解释的呢？

露：我想知道，在选择职业时，很多人是不喜欢，可是由于各种原因却干了某个行业。而有时是自己有兴趣的事情，家里父母却不同意子女去做。像您对相声并不是自己一开始就喜欢，却选择了干这行，是您父亲决定了您选择的职业。

常：应该说当时的情况是赶鸭子上架吧。但是这架我不上还不行，父母之命那我就得听。我小时候知道学徒尤其是学这行是很不好受的，而且我当时又不是很喜欢这一行。可是父母之命，我没有办法。我过去就是随大流，人家都是听父亲的安排，以顺为孝，我也这样做了，一直做到现在。

露：那您现在后悔吗？

常：现在回过头来看，是有遗憾的事情，但有些并不是很后悔。因为光阴和机缘你追也追不回来。你比如说我没有上大学，这辈子我都非常遗憾。我深有感受，现在不管你干哪一行，没有文化基础是不行的。人的成长及做事业，总是要有文化，可我就是没有"文化"的一个文化人。

露：您从社会大学和解放军部队的大学里，学到了人生最宝贵的知识。

常：总而言之一句话，要说我上大学，我只能说，我上的是社会大学和解放军这样一所大学校，我感到确确实实我们的部队是革命的大学校。我在部队多年，它不仅仅是培育

第四章 冬

了我，而且给我指明了方向。我学到很多革命道理，应该说一路走来，都是在部队获得成长和进步的。

露：一路走来八十余载，您取得了不少成绩，为相声行业所作出的贡献有目共睹。您觉得主要得益于什么呢？

常：我觉得主要就是党对我们的教育，是党指引我们如何去走正路。你干什么都一样，必须要走正路，所以你才能获得老百姓对你的赞赏。不然的话，那就辜负了衣食父母了。那时候对"为人民服务"的概念和认识虽然是不深的，但是作为我，从小耳闻目睹就懂得一个道理，是什么道理呢？就是观众是我的衣食父母。这次出书，也是为了回馈观众。我要好好地为我的父母——我的观众服务。这，也是我干这行的准则和收获吧。

露：我觉得您一辈子都是遵循这个理念：观众是我们的衣食父母。

常：是的。对观众我有一种特殊的感情，就是一直把他们看成我的衣食父母，我对他们是敬畏的和感恩的，有他们对我的鼓励和对相声的热爱，使我一直有信心走过来。

露：在您学艺的路上挺难的，您觉得父亲对您最大的影响是什么呢？

常：最大的影响就是两个字"执着"。我父亲本身这个人就很执着，原来他不是说相声的，他是唱戏的，后来他嗓子"倒仓"了，改说的相声。他对艺术的执着追求，这点影响了我一生。同时也是父亲把我领入了这行，我也是子承父业吧。

露：您可以简单地概括一下父亲说相声的特点或是特色吗？

常：父亲表演上的点滴，的确潜移默化地对我影响颇深。我的父亲常连安以单口相声享誉名外，父亲在捧哏上也有相当高的造诣。我们常氏相声的这几位"蘑菇"，从学习艺术的最初，父亲就给我们每个人都量了哏。根据我们每人都有什么特色量的活儿，这些恰如其分的培养和熏陶，给我们打下了深厚的艺术功底。由此也可见我的父亲捧哏技艺的功力之深，所以他对我们学艺影响很深。再有一点，我的大哥"小蘑菇"从小对我也是潜移默化影响非常深，他口齿伶俐、表情动人，深得观众的喜爱。他在艺术方面的努力对我的影响很大，我从他身上学到的知识，对我来说是一辈子受益无穷的财富。

露：您觉得常氏世家最大的特点是什么呢？

常：这个"常氏世家"还不是我说的。在20世纪60年代我们搞了一个"常氏"的相声专场，这个专场里边有我的两个作品。时过境迁，究竟是谁演什么我都忘了，但是演员我还记得，所有演员都是常家人。当时新华社等媒体都有报道，《人民日报》头版下边有这么一个小方块，就登了"常氏相声"世家的消息，还刊登了演出剧照。以后就这么叫起来了。

露：您觉得"常氏家族"说相声的风格主要是什么呢？人格魅力是什么？

第四章 冬

常：这个问题你问得很好。这要从我大哥说起。大哥艺名叫"小蘑菇"，他的表演很细腻，尤其表演人生的生活细腻得很，我们也应从这方面努力。因为说老实话，不管你写什么、演什么，凡是做文章都离不开人物和生活，做文章就离不开我们要写人、要写故事。写人写什么？写人的心理状态。

露：那您对"常氏世家"还有什么期望吗？

常：我觉得既然是这样的话，我们就应该为"常氏世家"这样一个叫法，现在叫"点赞"吧。我们应该做出成绩来才对得起这个称谓，不然的话那怎么叫"世家"呢？就跟谭富英似的，谭先生上下都是唱戏的，他的祖辈那就是谭鑫培，再有就是谭富英，再往下还有传承。他一共有多少代，但是人家哪一代都做出让人赞赏的成绩。我们也应该这样做。

露：我觉得您这"常氏世家"说相声应该是很有久远历史的家族了。

常：要说久远的历史我看是不假，确确实实，你说我们是在30年代成立的"启明茶社"，我父亲20年代就在做，到现在一百多年了，对吧？他临走时，也希望把"常氏相声"一代一代地传下去。

露：嗯，也可以称作相声界的"老字号"了。

常：对，相声界像马三立，他的儿子甚至他的孙子都在讲相声，他们是"马氏家族"的传人。我觉得也应该把民族优秀的文化往下传下去。

- 183 -

露：您觉得相声还应该有什么创新吗？

常：相声应该是用它的艺术样式来歌颂我们今天的美好生活，来鞭挞或者叫讽刺不良的社会风气。这里边一定要搞清楚这个讽刺有三种，敌、我、友。一个是敌人，我们一定要无情地讽刺它。"四人帮"，我们就应该狠狠地去鞭挞它，这是敌人。再有一个我们自己人，比如说我们的社会风气不好这不属于敌我矛盾，属于一个风气问题，我们就应该用很和善的、很热情的手法去讽刺它，教育大家。这是对自己人的做法。这方面我记得鲁迅先生曾有过阐述如何去讽刺的问题。

露：我觉得您说相声还挺有意思的，从《昨天》到《追溯》这两个经典作品，好像完成了一个您生命的相声的起点，又回到了另一个起点。

常：我觉得是这样，我也愿意走这条路。但是你要说是不是写的作品就很精彩，写得就很圆满，写得就很受观众一直的好评，我还不敢那么说。我觉得我还应该努力想办法能够写出、能够超过自己的水平，把更好相声来贡献给我们的衣食父母，就对了。

露：我觉得您在舞台上，表演得特别自如，挺潇洒的。

常：应该说是，我干那么些年了，应该也轻松一些。记得我小时候上台紧张，现在早就不存在这种情况了，现在就是存在如何去为老百姓回答一个满意的答卷。这是很重要的。有些节目适合不适合观众的口味，那不是我们回答的问题，是观众回答的问题。

露：八十五周岁那年，您的答谢专场《沧海一声笑》，在场的观众长久而热烈的掌声，就是对您的一种鼓励和肯定。

常：那是观众对我的热爱，我应该永远记住观众如何去培养我、哺育我、善待我、热爱我，这是永远要记住的，应该说，我要永久地回报吧。

露：借这本书，您现在最想和观众说的话是什么呢？

常：我最想和观众说的话就是，我有生之年还想，有可能的话，写出好的作品奉献给我的观众，顺势延绵。

常宝华演出的足迹遍布祖国各地，喜爱他的观众数以万计

我谈"四爷"的捧哏

师胜杰

在我们这个圈儿里边儿呢,都习惯称常宝华老师为"四爷"。这是因为他在家排行老四。

我和四爷的合作,是从1990年开始的。由于我们所处的地域和各自的工作原因,合作不是连续性的,而是有分有合。有一段时间,我们断断续续共同表演的相声有:《周围的人》《洞房絮话》《婚姻与迷信》《白字先生》《隔辈儿亲》《常回家看看》等。

四爷的"捧哏"的特点是,热情火爆、诙谐幽默。他尤其擅长"现挂",反应之快、语言之准确,是一般相声演员很难做到的。

我就举个例子吧。有一次,我们在北京儿童艺术剧院演出相声专场。该我和他上场了,由于主持人的失误,一上台就把四爷的名字给报错了。本来应该报表演者是师胜杰、常宝华,可是他却给报成了师胜杰、常宝霆。这时候,我们已经都走到台上了,观众也都愣了。

第四章 冬

因为北京的观众啊，对四爷太熟悉了，也知道常宝霆是四爷的三哥，多年都没有登台表演了。所以心里还纳闷呢，怎么报的是常宝霆，出来的却是常宝华呢？

于是台底下就开始嗡嗡地议论。正当主持人要出来纠正时，就显现出四爷的本事来了。四爷就说："没关系，报错了怕什么呀，其实名字就是个代号嘛，你没叫我二百五就不错啦。"一下子，观众哈哈大笑。四爷不但给主持人解了围，还把观众的注意力都给拢上来了。我在台上呢，也不能愣着，接着四爷的话说："行了，现在你把自己的小名都告诉大家了。"得，又把大家给逗乐了。没想到四爷，对着观众又来了一句："没关系，告诉大伙儿怕什么的，你不知道我跟师胜杰他爸爸是重名儿啊！"话音一落，台下的笑声和掌声又响成一片。

用我们的话说呢，这就是"翻堂的包袱"。因为名字报错了，可是四爷及时地使用"老叟戏顽童"，既不伤大雅地即兴"现挂"，还使节目顺利地得以进行，同时产生了意料之外的连锁"包袱"，这就是常四爷的过人之处。

四爷独特的"捧哏"风格，使我每次与他合作都受益匪浅，收获颇多。

谈相声《追溯》的意义

常贵田

我和四叔常宝华在表演当中,我觉得相声《追溯》也是一段趣事。怎么说呢?记得我四叔1992年的时候,他写了这个作品。

那年的中央电视台春节晚会把《追溯》节目第一个就拍板了,就要上这个段子,这个段子是我们俩的节目。但是没有播出,怎么回事呢?第一个选上,最后一个又拿下来。当时负责人周主任还打电话解释说:"我跟你商量个事,就是时间太长了,这个段子有点长,不好安排啊。"

为什么春晚第一个就选上了,我认为《追溯》有两点意义。一是剧场效果好,这是现场看到的节目;二是这个段子有新意,它完全突破了相声的表演方法,从创作上它就突破了。

相声是这样的,四个字便可概括,叫做"说法现身"。比如说,我们俩是一对演员,甲乙二人一逗一捧,在台上给人演出。不管我说的人物也好、说的情节也好、说的故事也好,都是通过我的叙述,你慢慢慢慢体会到的。而《追溯》这段相声,它是"现身说法"和"说法现身"这两个形式的组合。

记得当时排演和讨论这个段子的时候,我们给姜昆、牛群等先说说,念完了词,大家都觉得太好了,都感叹他这么大岁数了,还会写出这么一个前卫的段子。因为他写了一个新旧两种婚姻的不同,不是单纯写婚姻制度,而是写婚姻中的人物心态。这个段子内容很抓人,形式很新颖。在排演当中,我们俩也是费了大劲儿了。因为"包袱"都在他那里,本身就是反着说。

尽管常氏相声有回捧这样一个特色,但是"包袱"都在他那边,人物怎么进进出出,表现人物的感情心理活动,又怎么能把"包袱"使好等都要考虑到。这节目可考验我们了,幸好我们原来有这样的功底,我们俩表演当中特别默契。所以在排演当中,就不间断地形成了一种互为捧逗的局面,就是我们俩互相给对方捧的特色在这个段子当中充分地体现出来了。

可以说,在我表演这么多年的相声当中,这个段子是比较难演的段子。这种表演真是够难的,在我的表演生涯当中,这个段子确实有它自己的特色。

说说常贵田参军的故事

张青（露露）

2018年4月5日，清明节。

今天这个日子里，常宝华老师想起了大哥常宝堃，这是最疼爱他的人，也是影响他一生的人。他对我深情地说："我对得起大哥了！"

虽然已经截稿，排版也到尾声，可是我还是把这段故事也加进书里吧。

今天他谈起了常贵田的成长和参军经历，也是一段有趣的故事。

常宝华老师回忆说：

当时贵田父亲常宝堃牺牲后，他的母亲想把贵田送到天

津。我坚持由我把贵田带走。

嫂子说:"你带走,他就是当兵了。你哥哥就是当兵牺牲的,留下这么一个儿子,你还让他当兵,万一再有个好歹怎么办呢?"我坐下来和嫂子意味深长地讲:"嫂子,你说得有道理。但我就是要贵田去当兵,去继承宝堃爱国的遗志!你放心,我来保护他!"

在当年,也不是说想参军就能参军。用什么方式才能让贵田参军呢?我苦思了好久,想到当时有个又说又唱、十分流行的受群众喜爱的《社会主义好》相声。我就是从事相声文艺工作的,而贵田也有他父亲文艺细胞的基因和悟性,还有对文艺工作的热情,我为什么不好好地抓住,从相声的角度去想办法呢?

说做就做,我赶紧在短短几天里,把这个相声全都教会给常贵田。贵田十分有兴趣,学习很快、很有激情。我们在一起练习,时刻准备着一起上台表演,我们等待着机会……

机会终于来了。1958年的一天,在一次我给首长和观众的文艺演出中,首长和现场观众看得兴致勃勃,大家叫好叫座,鼓着掌对我说:"再说一段儿!再来一段儿!"我说:"大家今天这么高兴,感谢大家的热情。这样吧,我有个小侄子,是我哥哥常宝堃烈士的儿子,我让他给大家也来说一段儿好吗?"首长和观众们齐声答应了。贵田从容地上台表演,镇定自若。作为他较为正式的登台表演,就显示出他在文艺表演上的天分及对艺术的热爱，现场的效果相当好。

借着首长的表扬和观众的热情，我对首长说："您看小伙子怎么样？他的志向也是要当兵啊！领导能不能给个机会？"当即，首长就拍板说："好，咱要了，咱要了！"这么着，十六岁的贵田就参军了。这个举措深深地影响了贵田以后的人生道路，也让他能有机会继承了父亲的遗愿！相信大哥宝堃在天之灵也会高兴的！

常老师和常贵田同为军人之后，共同从事文艺工作，他们叔侄俩有机会同创作、同演出，成为"常氏相声"的好搭档。在往后的岁月里，工作和生活中处处都体现了他们共同的对亲人的感恩、大爱和担当精神。

如今，常老师已年近九十高龄。他很欣慰地说："我对得起大哥了！我没有让常氏家族的光荣传统丢失。我们家族的每一个人都通过自己特有的方式，表达着对祖国的爱！"

常氏家族"感恩报国"的家训，永远不断地传承和发扬！

常宝华说相声使用的扇子

第四章 冬

去农村、工厂、企业、部队、学校体验生活,没有生活,就犹如无本之木

我希望相声艺术能够被更好的传承。我们的相声就是反映生活,反映老百姓接地气的生活,是替老百姓说话的

● 作品赏析 ●

《昨天》

赵忠 常宝华 钟艺兵

甲：旧社会有这么两句话："有什么别有病，没什么别没钱。"

乙：对。

甲：这两样全让我们家沾上啦，是又有病又没钱。

乙：得！你们家生活怎么样？

甲：那会儿，我爸、我妈病了一对儿。

乙：你呢。

甲：我还小哪。

乙：多大。

甲：才这么高。

乙：啊？

甲：小辫儿，小辫儿这么高。

乙：小辫儿啊？那怎么办？

甲：就是当点儿吃点儿。后来当没当的，卖没卖的。我大爷又来啦！

乙：你大爷？

甲：我爸爸的哥哥。

乙：你爸爸弟弟那叫叔叔。

甲：在农村给地主扛大活，吃不饱，穿不暖，挨打受气，逼的我大爷没办法，到北京来找我爸爸来啦。

乙：那给你大爷找个事做吧。

甲：净失业的，哪儿找去？

乙：那做个小买卖吧！

甲：没本儿呀！

乙：那就得借点钱喽。

甲：借？穷人哪儿有阔朋友？孔祥熙、宋子文，他们都有钱，你跟他们有交情？

乙：没交情。

甲：还是的，我们院里这几家街坊，你说跟谁借？东屋里，是个磨剪子的。

乙：那是不能借。

甲：南屋里倒是个买卖人。

乙：哎，可以跟他借点儿啊！

甲：买卖小点儿。

乙：卖什么的？

甲：卖耳挖勺的。

乙：这买卖也太小了！

甲：西屋里王科长，是个大学毕业生。

乙：哎，科长有钱哪！

甲：他是卖黄历的。

乙：科长卖黄历？

甲：他叫王克章，大学毕业找不着工作。

乙：嘻！你听他这名字！

甲：我们那院儿，唯一的财主就是房东老太太。

乙：跟他借俩钱吧。

甲：是啊，我大爷一去，她就知道啦，"怎么，用钱吧？甭着急，先给您十万花着，不够再来拿！"

乙：老太太还挺好！

甲："可是五分利呀！"

乙：还要利钱哪！得，借十万，每月还得五千块利钱。

甲：不！借十万，每月五万。

乙：阎王账啊！

甲：我大爷接过来一点，"嗯？房东，我借十万，您这是五万。""啊，对啦，我把这月利钱扣啦！"

乙：啊！这就扣啦？

甲：我大爷拿着钱，心里难过，"唉！这年头没办法呀！"越想越不是滋味：这么大利钱，到时候我拿什么还呢？他又给送回去啦。老太太一看，乐啦！"嘿，借钱还是得借你这样的，刚把钱拿走，下月的利钱又送来啦！"

乙：啊？

甲：我大爷一听：啊？没动地方，这十万块钱没啦！我大爷一想，没办法，拿着五万块又出来了。这时候王克章上我们屋去啦，"大爷，您怎么单找她借钱？她儿子外号叫'伏地皇上'，谁惹得起？这年头也没办法，我倒是大学毕业了，逼得我卖黄历。上回我卖了东西，买了一辆旧洋车，拉了两天我就吐了血啦！大爷，您先拉我这车吧！"我大爷感激得不得了。

乙：天下穷人是一家。

甲：拉车也没经验呀！净在胡同转悠，找不着座儿。打老远看见一个，背着口袋，满头大汗，那儿还东张西望找寻什么呢。我大爷就赶紧跑过去啦，"先生，我拉——噢，拣煤核儿的！"

乙：嗐！哪有坐车拣煤核儿的呀！

甲：转悠了一上午，也没拉上个座儿，肚子直叫唤，花五百块钱买了个窝头。

乙：金圆券不值钱啊！

甲：这窝头还舍不得吃，吃了半拉，那半拉搁在兜里。后来拉着空车转悠到东交民巷，车刚往那儿一搁，外国巡捕、国民党警察，全过来啦！"这是你来的地方吗？嗯？瞧你这打扮！这大楼住的都是外国人，出门坐汽车，谁坐你这车？你这不是给我找事吗？"把棒子一举，"咔嚓"一下，挡泥板打碎啦！我大爷捡起来，拉车就跑。

乙：嗯，不跑非挨打不可。

甲：这时候天也黑了，一想家里人还没吃饭呢。

乙：先买点儿面吧！

甲：找了个面铺，把车往边上一搁，把借的五万块钱拿出来，点出三斤面钱，进了面铺，"掌柜的，您给来三斤面！"掌柜的一看，"你穷疯啦？二斤面钱买三斤？""我那是三斤的钱哪。""涨价啦！"

乙：嚯！涨得真快！那就买二斤吧！

甲："口袋呢？"口袋还没带来，又到车厢里拿出两张纸，"您给二斤吧！""二斤？一斤！"

乙：不是给的二斤钱吗？

甲："拿纸这工夫，又涨啦！"

乙：又涨啦？

甲：我大爷说："怎么涨得这么快？""甭废话！买不买？不买还涨！"

乙：啊？！

甲：我大爷一想：买吧！不买？这俩钱也就够打碗糨子的啦！我大爷这手拿着钱，这手托着面，由面铺出来。对面过来个伤兵，架着拐，手里拿着药瓶子，过来就撞！

乙：这是存心哪！

甲：把药瓶子往地上一扔，叭！碎啦。"哎，怎么撞我？你看，碎了不是！打针的药水儿，美国进口的，'破了来财！'"

乙：什么呀？

甲："破了来财"，摔破了就来财了。

乙：这不存心讹人吗？

甲："你赔！"过来就抢。我大爷说："老总，这，这钱可不能动……""什么不能动，拿过来吧！"

乙：这叫什么伤兵！

甲：我大爷这哭啊！旁边有位搭茬儿啦，"老头，你认了吧！伤兵，谁惹得起？你记住了，见了当兵的，躲着走！""嗨！这还有说理的地方吗？！"刚要往下说，那位一下把我大爷嘴捂住喽，"莫谈国事！"

乙：啊，连话都不让说啦？

甲：我大爷回头再一看……

乙：怎么啦？

甲：洋车没啦！

乙：真是祸不单行啊！

甲：我大爷当时往台阶上一坐，两眼发直，一句话也说不出来啦。

乙：是心里难过。

甲：精神失常啦！

乙：哎哟！逼疯啦！

甲：那时候也没钱治，只有流落街头。哎，一直到解放，军管会的干部才把我大爷送到精神病院去。

乙：病得重不重呢？

甲：什么都不知道啦！一个人在一个病房，就怕见人，一见人就打哆嗦。

乙：那是受刺激太深啦。

甲：医院想尽办法给治，用了很多种方法，把病给治好啦。有一天脑子一下子清醒啦，"咦！我这是在哪儿呢？我让伤兵把我给讹了。后来洋车又丢了，我这是急病了，噢！这是医院，把我送医院来啦！"

乙：这脑子清醒了啊！

甲："这多咱的事儿呢？昨天？"

乙：昨天？！

甲："大概就是昨天！这么阔的医院，一天得花多少钱哪？"这时候护士送饭来啦。（学护士悄悄进屋的动作）

乙：这干吗呢？

甲：他不是怕见人嘛！把饭搁在那儿，刚想往回走，我大爷说："大夫，我不吃饭啦，好啦，我该出去啦！"护士一看我大爷脑子清醒啦，高兴得就往外跑啊！待会儿，院长、医生、护士长、医务主任全来啦！院长说："老大爷！您怎么不吃饭呢？""啊，不吃，我这儿还剩半拉窝头呢！"

乙：还记着那窝头呢！

甲："大夫！昨天谁把我送来的？"

乙：还昨天哪！

甲：全乐啦！院长说："老大爷，不是昨天的事，您已经住了十年啦！"我大爷吓了一跳，"嗯？十年！""啊，

- 201 -

打针、吃药、针灸、电疗，中西医全给你看啦。你这病好啦！"我大爷心说：这是要敲竹杠啊！

乙：敲竹杠？

甲："大夫！我可不是有钱的人哪！"院长说："老大爷，您放心吧，您在这儿看病不要钱，您在这多休养几天。好，我们走吧。"大伙全走啦。我大爷越想越纳闷儿：不要钱？从来也没听说看病不要钱的！不要钱？哼，到时候一块儿算！我还得找"伏地皇上"借去。干脆，我走吧！一个人就溜出来啦。

乙：哎哟，那还认识家吗？

甲：出了医院就是前门大街，一进前门，不敢走啦。

乙：怎么啦？

甲："这不是天安门吧？是啊，不是！（问乙）是不是？"

乙：问我干吗？

甲：哎，打那边过来个红领巾，让我大爷给叫住了，"哎，小少爷！"

乙：啊？小少爷？

甲："这是天安门吗？""老爷爷，是天安门！""这花园跟这大楼是外国人盖的？"

乙：啊？外国人盖的？

甲：小孩儿说："老爷爷，这不是外国人盖的，是咱们自己盖的。""自己？""啊，是咱们大家的，也有您一份

儿。""我哪儿有钱盖大楼啊!"

乙:嘻!

甲:小孩儿说:"您看!这是人民英雄纪念碑,这是人民代表开会的地方……""人民代表?""啊,就是咱们人民管理国家大事……"(捂小孩嘴状)"莫谈国事!"

乙:还"莫谈国事"呢?

甲:小孩儿也乐了,"老爷爷,咱们应该懂得国家大事……""哎,快走吧,快走吧!"小孩行了个队礼,把我大爷吓了一跳。"再见!""要打人是怎么着?"

乙:嘻!这害什么怕呀!

甲:他一人出来了,把我们可急坏啦!

乙:怎么?

甲:医院给我打了个电话,说他病好啦。我们租了一辆小汽车,到那儿,又说他一人跑出来啦!好,医院也找,我们也找。

乙:那上哪儿找去?

甲:好找!他穿着睡衣出来的。到天安门,我一眼就看见啦。下车我就过去啦,"大爷!您还认识我吗?""铁蛋!"

乙:嗨!提小名儿干什么!

甲:"你,你是铁蛋吗?"我说:"我是铁蛋啊!""梳着小辫儿?""啊!""不对呀,这么一宿工夫长这么高啦?"

乙:没听说过!

甲:我说:"咱们回家说吧。您上车吧!""啊?咱们坐汽车？"

乙：坐汽车也新鲜！

甲：过去哪儿坐过呀？我说："您快上车吧！"我把他扶进去啦。他坐在那儿还嘀咕呢："咱们坐这玩艺儿让吗？"我说："现在都可以坐汽车！""都坐这个，那拉车的不就没饭吃了吗？""大爷，现在没有拉洋车的啦。""哎哟！都要了饭啦！"

乙：现在哪还有要饭的。

甲：司机同志搭茬儿啦："大爷，过去我就是个拉车的。"

乙：瞧，现在人家都开汽车啦。

甲：我大爷越听越纳闷儿。汽车一直开到我们家门口，司机把我大爷搀下来了，送进去啦。我大爷说："谢谢你啊，兄弟！好，甭管我啦，留神车丢啦！"

乙：嗐！那丢得了嘛！

甲：到了家，他不敢进去啦！

乙：不认识啦？

甲：也难说呀！过去家里什么样？解放以后，我们就搬到房东那屋去啦。三间北屋，又宽敞，又豁亮，屋里一堂新家具。

乙：嗯，是变样啦！

甲：我大爷看了半天，"咱上这儿来干吗呀？"我说："这是咱们的家呀！""咱们家？不是进门就上炕吗？"

乙：还记着一间屋子半间炕呢！

甲：我说："您忘啦？这就是房东那屋。"我大爷急啦！"噢，你当了'伏地皇上'啦？你说，你怎么发的财？"

乙：这怎么叫发财？

甲："我跟你说，咱们人穷志不能穷，咱可不能做亏心的事！"我说："大爷，你还记着没饭吃的时候呢？""啊，那我怎么不记得呀？"

乙：那是多少年的事儿啦？

甲："这不是昨天的事儿吗？"

乙：还昨天哪！

甲：我说："大爷，您住医院已经十年啦！""十年？二十年也不能变成这样啊！"我说，"这十年我一时半会儿也讲不清。您说的那'伏地皇上'，她到了法院啦！""那咱们就更惹不起啦！""她被管制啦！""啊！还有管皇上的？"我说："您看，我们一家人全有工作啦，我大娘在农村也入了敬老院啦，享福啦！""享福？我做梦啊？"

乙：嘻！真事儿嘛！

甲：我说："您不是做梦。"我们这儿正说着哪，王克章回来啦，"哎哟，大爷，出院啦？您还认识我吗？""王克章啊，我对不起你！"

乙：怎么？

甲："我把你洋车给丢了！"王克章也乐啦，"过去的事，咱们不谈啦。现在不都挺好的吗！您看我，我在建筑局啦！""噢，上那儿卖黄历去啦？"

乙：嗐！

甲：我说："大爷！现在人家真当了科长啦！"王科长说："带大爷上街看看吧！"我一想，也对！咱们街上转转！"哎，您先把睡衣脱了！"

乙：噢！还穿着睡衣哪！

甲：我说："您带着俩钱儿。""嗨，我带钱干吗？又花不着。""您带着点儿，方便！""好，先给我两千块钱吧！"

乙：啊！两千？

甲："您带着这十块钱吧。""十块钱？买个窝头还五百呢！""您拿着吧！这不是过去那金圆券！"

乙：对啦，这是人民币！

甲：到了王府井，刚要过马路，我大爷揪着我就往回跑，"警察来啦！"我说："这是人民警察！""甭管什么警察，他带着棒子哪！"

乙：嗐，那是指挥汽车的。

甲：我说："大爷，您看：警察搀着老太太，还给她拿着大包袱过马路，多好啊！""嗯，那是他妈！"

乙：嗐！人民警察对谁都那样！

甲：我们到了百货大楼。我大爷一看："哟，这么大买卖，怎么比瑞蚨祥还大呀？铁蛋，这是什么'祥'啊？"我说，"它是百货大楼！""哪个东家开的？"我说，"这是咱们大家开的！"

乙：哎，全民的嘛！

甲：我说："您进去吧！""嗯，进去要把咱轰出来呢？"

乙：咳！想的真多！

甲：我说："您看，这么多人，跟咱们一样，没人轰，进去吧！"这才进去喽。可进去一看，"哟，这么热闹，铁蛋，把钱拿住了！"

乙：怎么啦？

甲："留神让人抢喽！"我说："您放心吧，没有抢东西的啦！""嗯，那么大洋车还丢哪！"他还不放心哪，走两步拿出钱来看看。

乙：过去让人抢怕啦。

甲：到了二楼，我说："给您买双鞋吧！""天桥买去吧，这儿贵！"

乙：咳！哪儿都一个价儿！

甲：售货员一听买鞋，拿过来六七双鞋。我大爷说："掌柜的，我们就买一双。"人家说："不买也没关系，您看看吧！"

乙：挑一挑嘛！

甲：我大爷试了一双，"嗯，这双合适。铁蛋，给钱，快给钱！"

乙：忙什么呀？

甲："一会儿涨价啦！"

乙：还怕涨价呢？

甲：买完鞋，我说："您休息休息吧！"把他带到休息室去。有个小伙子站起来了,"老大爷,您坐这儿吧!"我大爷坐那儿直嘀咕(掏出兜里的钱看),"啊,还在这儿呢!"(做将钱搁空了的动作)

乙:这是怕丢啊!

甲:我说:"大爷,您在这儿坐着,我给你倒碗水去!"把水倒完回来一看,我大爷跑啦。追上他我说:"大爷您跑什么?""那儿有当兵的!""咳!那是咱们解放军同志!"

乙:那怕什么呀?

甲:"人家说得对,见了当兵的躲着走!"我说:"解放军是人民的……""别,别说啦,追来啦!"

乙:啊?追来啦?

甲:我一看,解放军真的追来了。我大爷就跑,从二楼一直跑到一楼,让大伙儿围上啦。

乙:这可热闹啦!

甲:我大爷站在那儿。解放军同志说:"老大爷,您跑什么呀?给您!""啊?"

乙:什么呀?

甲:"您把钱掉啦!"(摸口袋)"哎哟!(想接钱,又缩回手)老总,留着花吧!"

乙:这叫什么话呀?

甲:大伙儿全乐啦。解放军同志说:"老大爷,我们怎么能要您的钱呢?"我大爷感激得直掉眼泪。哎,这时候广

播喇叭响啦,"同志们,请注意啦!现在拣到钢笔一支,皮包一个,有丢失者请到二楼来领!"我说:"大爷,您听见了没有?您丢了什么东西都找得回来。"我大爷一听,扭头就往二楼跑。我说:"大爷,您上哪儿去?""领我的洋车去!"

剧照

《帽子工厂》

常宝华 常贵田

第一部分

甲：最近有家工厂的货卖不出去了。

乙：工厂的货还有卖不出去的？

甲：没人要。

乙：什么货？

甲：帽子。

乙：我要！我正好没帽子。

甲：那帽子可大。

乙：帽子大点儿戴着痛快。

甲：分量重！

乙：那戴着多暖和啊！

甲：那戴上受不了。

乙：戴帽子有什么受不了的？……我受得了。

甲：戴上可就摘不下来了！

乙：什么帽子？

甲：反革命帽子。

乙：受不了！哪个工厂卖这种帽子？

甲：就是"四人帮"开设的"帽子工厂"。

乙：那是王、张、江、姚反革命集团的买卖。

甲：对，王"股东"亲自坐镇，张"军师"周密设计，姚"掌柜"广泛宣传，江"老板"四处推销。

乙：江青那个老妖婆啊！

第二部分

甲：她为了开设"帽子工厂"，绞尽脑汁，精心制作，那真是花样翻新，名目繁多，古今中外，一应俱全。

乙：都有什么帽子？

甲：王明库存的旧帽子他们盘点了；林彪那批新帽子他们接管了！又进口一批"马拿扒"的帽子……

乙：不！那叫"巴拿马"的帽子。

甲：不！"马拿扒"！

乙：怎么叫"马拿扒"啊？

甲：戴上这种帽子，马上就能把你的职务扒下来。

乙：嚯！这帽子够厉害。

甲：也分大、中、小三号。

乙：还分号哪！

甲：她给不同的人扣不同的帽子。

乙：那大号的帽子？

甲：什么"叛徒""特务""大军阀""反党分子""野心

家""走资派""投降派""修正主义""大恶霸"。

乙：中号帽子？

甲："黑线人物""反革命""黑秀才""黑手""黑帮凶""经验主义""民主派""中庸之道""变色龙"。

乙：这中号帽子也够尺寸。那小号的就小点了吧？

甲："绊脚石""墙头草""老好人""小修苗""造谣公司""传话筒""逆流""邪风""小爬虫"。

乙：这帽子也够分量！

甲：你说戴几号的合适！

乙：我都戴不起。

甲：来顶处理的吧！

乙：不要！处理的也不要。

甲：他要想给你戴，不要也不行。不管合适不合适，非戴不可。

乙：什么人戴不上哪？

甲：凡是大腿抱得紧、报告打得勤、谎话说得多、马屁拍得响的，都戴不上。

乙：拍马屁啊！

第三部分

甲：他们要说："煤球是白的……"

乙：煤球是白的？

甲：就冲这质问的态度，也得戴个小号帽子。

乙：那……

甲：得顺着说。

乙：那煤球，我看跟元宵一个模样。

甲：他们要说："皮球是方的……"

乙：凡是球都是见棱见角。

甲："外国的月亮比中国的亮……"

乙：一个地方一个月亮嘛。

甲："说得多准确呀。"

乙：（旁白）我亏心不亏心啊！

甲：他们要说："外国人放个屁都是香的……"

乙：我就得加以赞扬，表示欣赏。

甲：这就戴不上帽子。

乙：我成贱骨头了。

甲：只要你说出他们想要说的话，做出他们想要做的事，不管你作了一个曲子、唱了一出戏、跳了一个舞，还是交了一张白卷，说过一句吹捧他们的话，就能一步登天、青云直上，住上小高楼，吃上小灶饭，坐上小汽车。

乙：我就成了小螃蟹了！那我要听从他们指挥，给他们办事——

甲：江老板就能介绍你入党。

乙：我？

甲：一句话的事儿。

乙："我爷爷是老托派……"

甲:"没有!"

乙:"我爸爸是叛徒……"

甲:"不算!"

乙:"我这历史……"

甲:"清白!"

乙"考试我都答不上来……"

甲:"真有反潮流精神。"

乙:"您可真是旗手……"

甲:"你可以当个副部长!"

乙:"谢谢妈!"这纯粹是拉山头搞宗派呀。

甲:就是顺我者昌,逆我者亡。

乙:要和他们作坚决斗争!

甲:凡是妨碍他们篡权,反对他们作恶,不听他们的话,不服他们的管,不随他们的心意,他们看着不顺眼的,就都是"帽子工厂"的推销对象。

乙:他们帽子再多,也戴不到我头上。

甲:要想给你戴,你就跑不了!

乙:"我是跟随毛主席南征北战几十年,继承和发扬了革命传统的老干部。"

甲:"你是民主革命派,也就是党内的走资派。"

乙:这帽子就飞来了!"我是新干部。"

甲:"新生的资产阶级分子。"

乙:"我不是领导。"

甲:"混入群众里边的坏人。"

乙:嗬!"你也没调查研究……"

甲:"攻击领导。"

乙:"你……"

甲:"谩骂首长。"

乙:"我不说话。"

甲:"暗中盘算。"

乙:"我把眼闭上。"

甲:"怀恨在心。"

乙:(无可奈何,揣手动作)……

甲:"掏什么凶器?"

乙:我怎么也躲不开呀!

甲:全给你扣上了吧!

乙:这全是捏造啊。

甲:这是用捏造的方法。江老板为了当女皇,篡党夺权,竟敢给我们敬爱的周总理和其他老一辈无产阶级革命家们扣帽子,企图打倒一大批中央和地方的党政军负责同志。

乙:是啊,有这些革命老前辈在,他们就实现不了野心。

第四部分

甲:江老板到处煽风点火,走到哪儿扣到哪儿,帽子满天飞。弄得你左也不是,右也不是。

乙：比如我这儿就是工厂，我看看这个江老板怎么充分表演的。

甲："我听听你们的情况。"

乙："我们学先进、赶先进，顺利地完成了上半年的生产指标。"

甲："你这是因循守旧，墨守成规，胸无大志，满足现状。"

乙：就这四顶就是中号的。"我们建立了合理的规章制度。"

甲："那是管、卡、压。"

乙："我们关心群众生活。"

甲："搞物质刺激。"

乙："工人自觉执行纪律。"

甲："奴隶主义。"

乙："他们为革命钻研技术。"

甲："走白专道路。"

乙："加快了生产速度。"

甲："我们宁肯要社会主义的低速度，不要资本主义的高速度。"

乙：怎么也不对呀！"为大干社会主义，下半年任务我们已经提前完成了。"

甲："好……"

乙：这才说个"好"字。

甲："好一个唯生产力论！"

乙：帽子越来越大。

甲：她还窜到部队去，公开给部队首长扣帽子。

乙：比如我这是部队。

甲："我代表我个人给你们送来了学习材料。"

乙：这是背着中央另搞一套。

甲："我很关心你们部队。这次来，我就是……"

乙：怎么关心？

甲："给你们放一把火。"

乙：放火来了！

甲："放火烧荒，烧一烧你们部队的老同志。"

乙："我们应该向老同志学习，他们有丰富的革命经验。"

甲："经验主义！"

乙："他们打过仗，立过功。"

甲："都是吃老本！"

乙："他们始终保持革命战争年代那么一股劲儿。"

甲："你们可要注意戴着红五星的走资派！"

乙：这帽子又飞起来了。

甲："你们揪不出来，我帮你们揪。"

乙："我们这单位没有。"

甲："阶级斗争熄灭论。"

乙："我们这儿是个班。"

甲:"……准有走资兵!"

乙:"走资兵"!什么帽子都有啊。

甲:"结合我的指示,你们要认真阅读我给你们的学习材料,深刻领会精神实质。"

乙:马列著作?

甲:"吕后正传。"

乙:叫部队看这书?

甲:"这是儒法斗争的必修课。"

乙:"我们不知道什么吕后。"

甲:"吕后……就是宋朝那个慈禧太后。"

乙:她把慈禧太后搬宋朝去啦!

甲:"你不学无术啊!"

乙:这帽子给我扣上啦!她怎么净研究这个?

第五部分

甲:江青反党乱军,就是想当女皇。毛主席早就觉察江青有野心,几次警告她,她不但不听,反而变本加厉,疯狂对抗。她到农村去暴露得更加明显了。

乙:她到农村怎么表演的?你学学。

甲:"我到你们这儿——是来劳动的。"

乙:这模样能劳动吗?

甲:"我和贫下中农一样嘛。"

乙:一点儿不一样。来劳动?给你把铁揪,挖个菜窖。

甲：（装模作样）"呸！呸！"

乙：干哪！

甲："等着照相。"

乙：啊？

甲："给你！"

乙：干完了。

甲："照完了。"

乙：就等着照相。

甲："把这个送博物馆去嘛！"

乙：你干什么啦？

甲："这个记者，影响我劳动。"

乙：给记者也扣帽子。

甲："劳动是我的第一需要。"

乙：说得多好听啊！

甲："你们这里……领导班子还不错嘛。"

乙：行，没扣帽子。

甲："就是有严重的大男子主义！"

乙：还是扣上了！

甲："一把手换个妇女干部嘛！不要男尊女卑，将来主席也可以是个女的嘛。女人也能当皇帝，到了共产主义也有女皇。"

乙：野心暴露出来了。

甲："吕后就是女皇，那是妇女的典范，我学习的榜样。

我就是红色的吕后，布尔什维克的吕后。" 一枕黄粱，痴心妄想。

第六部分

甲：一声霹雳震天响，一举粉碎了"四人帮"反革命集团。

乙：除掉"四害"，人心大快。

甲：这个江青连哭带闹："你们这是迫害'革命旗手'。"

乙：还扣帽子哪！

甲："天哪！我的……武则天哪。"

乙：还想当女皇。

甲：她连蹦带跳，"叭"一下子……

乙：什么？

甲：把帽子甩出去啦。"帽子，帽子。"

乙：她找帽子。

甲：我们给她戴了一顶，不大不小正合适。

乙：什么帽子？

甲：资产阶级野心家。

《追溯》

常宝华

常宝华：嘿哈哈哈，好啊，一早公园这个空气呀，它就是新鲜啊——别浪费。

常贵田：没啦。

常宝华：没啦，要多少有多少，咱俩人分啊。

常贵田：完了，找不到了。

常宝华：找不到了？甭问啊，这是丢东西啦。

常贵田：太苦恼了。

常宝华：哎呦，你看他急的，咱帮他找找，丢什么了？

常贵田：没她我可怎么活呀？

常宝华：没……哦，甭问，谁没钱也活不了。

常贵田：金钱是无法和你相比的。

常宝华：金戒指？！

常贵田：黄金有价，你无价呀。

常宝华：甭问，钻石。

常贵田：钻石珍珠也没有你那夺目光彩。

常宝华：夺目？丢个灯泡？

常贵田：只有你才能打开……

常宝华：嗨，丢个钥匙。

常贵田：你才能打开，我的心扉。

常宝华：嗯，手术刀丢啦？

常贵田：你走到哪去了呢？

常宝华：走？哎呦喂，把人给丢了嗨。

常贵田：仅仅三年啊……

常宝华：孩子，三岁了你看。

常贵田：在这三年，我一直爱着你！

常宝华：怎么，对象丢啦？

常贵田：可是你，却远远地把我抛弃了。

常宝华：啊，这小子失恋了，呵呵……

常贵田：我真想哭。

常宝华：没人拦你。

常贵田：不，我笑。

常宝华：都是现成的，呵呵。

常贵田：唔——哈哈……

常宝华：呵呵。

常贵田：唔——说不哭就不哭！

常宝华：怎么了这是？躲他远点，这种人什么事都干得出来。

常贵田:对!

常宝华:嗯?怎么着?

常贵田:就是在这儿。

常宝华:这怎么啦?

常贵田:我们就是在这里初次相逢的。

常宝华:对!对呀,当年我和我的老伴认识也是在这儿啊。

常贵田:这里是明亮亮的湖水,郁葱葱的山坡,柳树下放着石墩和石桌,真吸引人呐。

常宝华:嗯,这当年是臭哄哄的脏水,光秃秃的山坡,树底下是垃圾成堆,死猫上还扣着破铁锅呀——太恶心人喽。

常贵田:我们俩是柳荫牵线,一见钟情啊。

常宝华:我们是媒婆说亲,父母之命哦。

常贵田:我们相识在初夏的季节。感到心旷神怡,稍有凉意。

常宝华:我跟老伴见面正是三伏天,一人弄一脑瓜子白毛汗。

常贵田:我穿了一件白色T恤衫,亮灰色牛仔裤。

常宝华:我穿的是灰布小褂,下边还抿(音:免)裆裤。

常贵田:她穿了一件黄色衬衫,那丰富的表情,端庄秀丽的面庞,头上梳着马尾,显示出青春的活力,温文尔雅的气质。

常宝华：我老伴当年穿的是……我这个脑子不行了，给我印象最深……脑门儿那刘海。

常贵田：她坐在那儿，手捧着课本，阅读着英语。

常宝华：媒婆把我们领到这来，手里还攥着黄历呢。

常贵田：我轻轻地说了一句，"Good morning, my love."

常宝华：媒婆说（唐山口音）："今天是黄道吉日，俩人就对个眼呗。"

常贵田：我们两个人面对面坐在石墩上。

常宝华：我跟老伴一直是脊梁（音：娘）对脊梁（音：娘）。

常贵田：面对陌生的异性朋友，我内心在微微地颤动。

常宝华：我头一回跟女的这么见面，嘿嘿……起这身鸡皮疙瘩。

常贵田：我不明白是喜悦，还是拘谨。

常宝华：我也不知道是紧张啊，反正是怪臊人的。

常贵田：后来，我俩漫步到湖水旁。

常宝华：后来媒婆把我们俩人领到一个粮店。

常贵田：当时她哼着"我的未来不是梦"，我唱着"让我一次爱个够"！我们俩都进入了恋爱生活的憧憬。

常宝华：媒婆让我老伴扛了二十斤绿豆，让我扛了四十斤面，让我们给她送家去。

常贵田：我们多么珍惜时光啊！

常宝华：媒婆多会巧使唤人哦！

常贵田：我情不自禁地望着她，她也悄悄地看着我，我们俩的视线交织在一起，很久很久。

常宝华：我净顾扛粮食，愣不知道老伴什么模样，想瞄她一眼吧，坏啦，脖子大筋扭了。

常贵田：在我的脑海里，始终印记着她的秀美的倩影。

常宝华：我的脖子是一直是没直起来呦。

常贵田：留下了美好的痕迹。

常宝华：闹了一个治不好的残废呦。

常贵田：后来，我们俩人谈啊，笑啊……整整谈了一个上午。

常宝华：我们扛啊，走啊……也走了多半天。

常贵田：从现在谈到将来。

常宝华：我们从海淀一直扛到白塔寺。

常贵田：我没感到一丝疲倦。

常宝华：我出这身臭汗。

常贵田：她摘下一朵玫瑰花，细声细语地对我说："这是爱的象征，来，给我戴在头上。"

常宝华：我们那老伴喘着粗气说（唐山口音）："我用那擀面杖，给你擀擀脖子？"

常贵田：高兴得我要发疯啊！

常宝华：听了这句我见傻！

常贵田：我说你真不愧是现代女性！

常宝华：她也不是哪村的娘儿们？

常贵田：她甜美会心地一笑，露出了迷人的酒窝。

常宝华：我老伴这么一乐呀，唉呦，满嘴黄板牙。

常贵田：当时，我需要增加热量。

常宝华：那阵啊，我的肚子也直叫唤。

常贵田：她多敏感啊。

常宝华：我们老伴开窍。

常贵田：跑到冷饮店，买了两份冰激凌和三明治。

常宝华：我们老伴买了刚出锅的四个老玉米。

常贵田：温情地对我说："这都是营养品，来，吃吧。"

常宝华：我们老伴还解释呢（唐山口音）："这都是粮食，扛时候，你啃呢。"

常贵田：在她面前，我吃得多么的香甜啊！

常宝华：我刚要啃，想起老伴这口牙，愣没咽下去。

常贵田：从此以后，我们俩人建立了友谊的关系。

常宝华：唉，父母做主，好坏就那么着喽。

常贵田：我们经常在舞厅，伦巴、探戈跳个通宵。

常宝华：我们每天是洗衣裳做饭，干个没结没完哪。

常贵田：花前月下，如胶似漆。

常宝华：为一点小事，我们打个鼻青脸肿，口眼歪斜。

常贵田：每次话别，她总是给我一个甜蜜的吻。

常宝华：那回干架，她差点把我鼻子咬下来。

常贵田："忠诚的爱情充溢在我的心里，我无法估计自己享有的财富。"这是莎士比亚的名言。

常宝华："媳妇是三天不打，上房揭瓦！"这是我舅舅教给我的。

常贵田：我曾向她提出结婚。

常宝华：不行，我得跟她服软儿。

常贵田：我担心她会跟我变卦。

常宝华：我生怕她给我打个半死。

常贵田：我爱她，更爱她舅舅，她舅舅——海外华侨。

常宝华：我躲着，躲着她哥哥，她哥哥会耍猴拳。

常贵田：为了她，我是大把大把地花钱啊。

常宝华：哎呦，一分钱我们老伴能攥出水来。

常贵田：她吃顿饭，我花了两千块。

常宝华：结婚那身衣裳她整整穿了八年哪。

常贵田：我的低收入承受不了她的高消费。

常宝华：唉，我们收废品每天也不少来钱。

常贵田：我的经济发生了危机。

常宝华：我们的小日子是越过越红火。

常贵田：就在这个时候，她海外的舅舅，在海外给她找了份工作。

常宝华：她耍猴拳的哥哥给她找了个事由。

常贵田：在一个大公司，当总经理。

常宝华：在清洁队呀老伴当了个小组长。

常贵田：突然，她给我一个打击。

常宝华：有一次让我喜出望外。

常贵田：她给我来一封绝情书。

常宝华：老伴给我买个花衬衫。

常贵田：我一看那信的内容，她简直是条毒蛇！

常宝华：我一看那商标，还是鳄鱼的，哈哈。

常贵田：居然说什么，有钱是夫妻，没钱两分离。

常宝华：日久见人心，路遥知马力呀。

常贵田：她脸是白的，心是黑的！

常宝华：她的牙是黄的，心可是红的！

常贵田：真叫我失望。

常宝华：老伴，我越觉得越可人疼哦。

常贵田：想不到自由恋爱，也会有这样的结局。

常宝华：你看我们老式婚姻，也能够圆满幸福。

常贵田：真是天……不随人愿！

常宝华：我看事……全在人为呦。

常贵田：你看那老夫老妻，多么羡慕他们的晚年享乐。

常宝华：有一阵我还嫉妒年轻人在公园里乱啃呢。

常贵田：我为什么不早几年出世呢？

常宝华：我真想回回炉。

常贵田：再没有，情意缠绵和我说知心话的人了。

常宝华：有，我有，我的老伴，您老人家。哈哈哈哈哈。

常贵田：你究竟走到哪去了呢？

常宝华：她上班啦，正在扫马路。

常贵田：现到如今，不能自拔呀。

常宝华：帮我干干活，就收收废品。

常贵田：我简直是个废物！

常宝华：收废品喽。

常宝华和常贵田较早时期的演出

演艺经历和荣誉

常宝华,1930年12月出生。著名相声表演艺术家,中国共产党党员,国家一级演员,享受政府特殊津贴。1951年拜相声大师马三立为师。历年来创作(包括合作)相声、小品、快板等形式一百七十多篇,在全国各报刊发表作品五十余篇。2006年8月,被授予中国曲艺界的最高荣誉"牡丹奖"终身成就奖。相声《昨天》英文版曾在国外发表,《帽子工厂》《语言医生》曾在香港大公报上发表。曾多次赴美国、俄罗斯、波兰、奥地利、瑞士、朝鲜、新加坡等国家,以及北京高等学府进行文化交流、演出和授课。

常宝华自幼随父亲常连安、兄长常宝堃(艺名"小蘑菇")学习相声;八岁时到北京西单商场"启明茶社"相声大会学徒,九岁开始登台表演;受到相声老前辈的熏陶和传授达十年之久,这期间学习和演出过七十余段传统相声。

1942年拍摄《锦绣歌城》(时装喜剧片,演主角)和《花田八错》(古装戏曲片,演配角)两部影片。

1949年参加相声改进小组,整理编写相声《字象》,为处女作。

1950年参加北城游艺社演出相声,同时演出文明戏(目表戏)《锯碗丁》《春阿氏》、京剧《打面缸》《红鸾喜》《挑帘裁衣》等剧目。

1951年参加天津市曲艺工作团演出相声,同时演出曲剧《新事新办》《工人新村》《罗汉钱》等剧目。参加全国第一届戏曲观摩演出大会。曲剧《新事新办》获集体三等奖。

1951年获天津市文艺工会二等劳动模范小组称号;获三等劳动模范称号;获北戴河休养奖励。

1951年,21岁的常宝华拜相声大师马三立为师,并加入天津市曲艺工作团,参与表演并创编了很多新的剧目;曾获天津市文艺工会"三等劳动模范"称号。

1951年4月23日,兄长常宝堃参加抗美援朝战争不幸牺牲。常宝华坚决要求到朝鲜战场去继承哥哥遗志。

1953年参加抗美援朝赴朝鲜慰问演出,回国后放弃了在曲艺团的优厚待遇,决定参军,随即他成为海政文工团演员兼创作。

1955年获海军政治部直属机关先进工作者称号。

1958年参加全国第一届曲艺会演,创作并演出相声《水兵破迷信》,获全国优秀作品表演奖。作家赵树理为此作品论著《我爱相声"水兵破迷信"》。(《赵树理曲艺文集》)

1959年参加全军第二届文艺会演,合作创作并演出相声《昨天》,获全军创作、表演优秀奖。作家老舍先生为此作品论著《谈相声"昨天"》。(《老舍曲艺文集》)相声《昨天》曾为国家领导人毛泽东、朱德、刘少奇、周恩来等演出过,周恩来总理曾对《昨天》提出修改建议。

1961年创作和演出成绩显著,荣立三等功。

1962年赴西藏演出达九个多月,创作《学藏语》《兵站之家》等作品,成绩显著,荣立二等功。

1964年参加全军第三届文艺会演,创作并演出相声《说海》,获创作、表演优秀奖。"文化大革命"期间,受到冲击,被分配到天津机床厂当了四年的搬运工人。但是这段经历,也为日后的艺术创作奠定了体验生活的基础。

1976年常宝华和侄子常贵田合作创作《帽子工厂》,影响颇大,成为当时优秀相声作品代表之一。

1977年常宝华和侄子常贵田参加全军第四届文艺会演,《帽子工厂》《狗头军师张》获创作和表演优秀奖。

1978年创作相声《四人帮办报》《解剖》,获海军文艺评比二等奖;参加全国曲艺会演,创作并演出相声《两张照片》,获作品二等奖、表演一等奖。

1980年参加全国曲艺短篇作品评选,相声《帽子工厂》获全国一等奖。荣立二等功。

1983在长春市评选全国"十大笑星",被评为"十大笑星"之一。

1992年参加中国建设杯相声新作名家邀请赛,创作相声小品《追溯》,获特别荣誉奖。

1994年参加中国曲艺家协会主办的中国曲艺荟萃，获伯乐奖。

1995年参加第二届中国曲艺节，演出小品《追溯》，获牡丹奖。

2002年获得中国曲艺"五十年特别贡献曲艺家"荣誉称号。

2004年获第一届"全球中华文化艺术薪传奖"。

2006年获第四届"中国曲艺牡丹终身成就奖"。

2010年获第三届公众形象满意度调查"人民最喜爱的老艺术家"称号。

2012年6月26日国际禁毒日，获颁"北京市禁毒义务宣传员"荣誉证书。

2012年参演陈凯歌导演电影《搜索》，饰公交车老大爷。

晚年仍继续进行创作、撰文、著书、教学。曾参加相声、小品、话剧、电视剧演出等。

常宝华和常贵田剧照

常宝华的徒弟

历年收徒（以时间先后为序）：

赵福玉：著名相声艺术家，国家一级演员，北京军区战友文工团相声演员。

牛群：著名相声表演艺术家，国家一级演员，原中国广播艺术团相声演员。

包长春：国家一级演出监督，原中华全国总工会文工团总团团长。

杨鲁平：著名相声表演艺术家，国家一级演员，南京军区前线文工团艺术指导。

陈峰宁：著名相声表演艺术家，国家一级演员，南京军区前线文工团队长。

杨子春：著名表演艺术家，国家一级演员，广州军区战士文工团艺术指导。

冯翊纲：台湾相声瓦舍演员，瓦舍负责人。中国台湾相声表演艺术家。与搭档宋少卿创办台湾相声瓦舍。

宋少卿：中国台湾相声表演艺术家。与搭档冯翊纲创办台湾相声瓦舍。

刘国建：著名相声表演艺术家，国家一级演员，二炮文工团原副团长兼艺术指导。

侯耀华：著名相声表演艺术家，中国戏曲影视研究院副院长兼艺术总监。

高洪胜：著名表演艺术家，国家一级演员，海政文工团演员。

阿丁：海南华人国际文化投资集团董事长、总裁，中国文化研究会表演艺术专业委员会主席。

刁伟国：浙江宁波艺校曲艺团相声演员，宁波泓俊文化传媒有限公司总经理。

常宝华和他的台湾徒弟冯翊纲、宋少卿
（台湾相声同样为相声艺术的发展作出了贡献。两位台湾徒弟拜师，真是有一种"认祖归宗"的意思）

"常氏相声"的多次专场演出

"常氏相声"这个说法是媒体最先提出来的。不是我说的。20世纪60年代初,我们在天津音乐厅里举办了"常氏相声专场"演出。一连演出了四场,每场座无虚席。表演的还有我的两个作品,表演者当然多是常家的演员。那年,不但天津的媒体做了报道,就连新华社也为该专场发了消息。当时人民日报的头版下面有一个小方块儿就登了消息,称"常氏"为"相声世家",并刊登了多幅演出的剧照。以后"常氏世家""常氏相声"就这么叫起来了。

1984年天津市举办了"迎国庆文艺晚会",其中的有段儿相声名为《爷爷和孙子》,是常宝霆、常贵田和我创作的。表演时有我和常宝霆,还有常贵田6岁的儿子、常宝霆7岁的外孙,又形成了一场三世同堂的常氏演出。

1992年,"常氏相声专场"再次举办。我们常家几代演员,又一次以家庭为单位举办了专场演出。

附 录

《常氏相声选》首发式暨常氏相声专场在京津举行

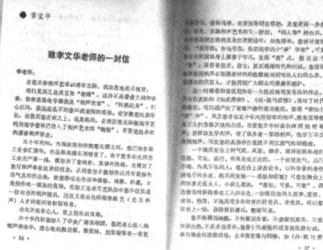

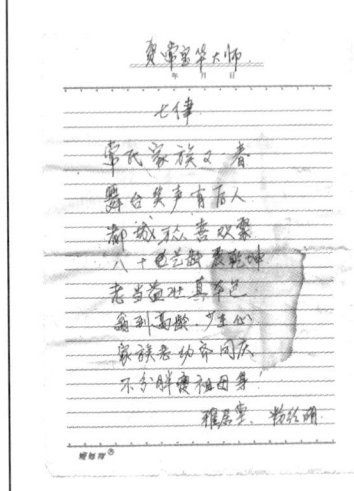

贺常宝华大师

七律

常氏家族又一春
舞台笑声有后人
都城万众喜欢聚
八十艺龄震乾坤
老当益壮真本色
翁到高龄少在心
家族老幼齐同庆
不分胖瘦祖母身

雅居堂 粉丝胡

多年来除了演出，常宝华还经常创作、发表作品和文章，去基层体验生活，参加社会活动等。从这张小诗中也透出老百姓对他的喜爱

四世同堂的乐趣。左起：常宝华、常思、常捷，前排：肖睿昕

前排：常宝华和富天真夫妇
后排左起：常晓兰、常青、常晓君、常捷、常静

常宝华和常远（相声世家传人，脱口秀主持人，开心麻花签约艺人等）

常宝华和外孙杨凯（"常氏相声"传人，相声演员）

常宝华外孙李然(开心麻花剧团签约演员)

常宝华老伴儿和孙女马春辉

孙女常思在2010年广州亚运会荣获花样游泳冠军,2012年伦敦奥运会花样游泳集体项目银牌,为祖国多次争得荣誉

书 后 语

春花秋雨，时光流逝。一年多来，白天的阳光瞬间就与你惜别，夜晚的月光如水般化为岁月。我每天就像和截稿时间在赛跑的人。由于诸多因素，编著此书近乎是个抢救工程。时间紧、任务重，书中难免有不足或是错漏之处。在此，深表歉意并请读者谅解。同时也欢迎您恩赐宝贵意见和建议，以便日后修改。

退休后，我在北京老字号协会做宣传工作。所以编著此书的所有事宜，都是利用零散和节假日的时间。紧锣密鼓、笔耕不辍、积少成多，终将文字跃然纸上。连我也记不清楚，到底有多少个夜晚，我与月亮和星星作伴，挑灯夜战。写作虽然是件苦事，我还是乐此不疲，徜徉在我热爱的书海中。

书籍即将问世，如果没有四面八方的智慧和帮助，不会在这样短的时间内，让它鲜活与生动地呈献给读者。心怀感恩的心，一并深表谢忱！

感谢李滨声、王旭峥、肖葵葵、倪发柳、张经良、高建军、北京二商报老报友等人的帮助；感谢中国商业出版社副总编刘毕林的指导；感谢特约编辑常露秋为此书出谋划策和辛勤付出；感谢美术设计贡步青为本书设计了精美封面及排版；还有常贵田、常晓兰、赵福玉、林晖等人闻讯后，热情为此书送来稿件与祝福。特别感谢常宝华家人和亲朋好友等对此书的支持，书中图片（除了注明来源的）均由常氏家族提供。

另外，在写作的时间里，有两本书对我帮助颇大。一本是马三立的孙子马小川的《留给人间都是笑——马三立单口相声集》。马三立曾说："不知病魔还给不给我这个时间。如果来不及，我只能依靠我的孙子小川了……"每看到这段文字时，我仿佛都能听到大师那种独特的沙哑声音。所以每当采访常宝华老师时，也能感受到他们这一代人，想到的总是要回馈社会和感恩观众，对此我深受感动并敬重他们。

这段日子，我也从"小川精神"中汲取了力量。马小川辞去优厚薪金的工作，成立了"小川相声社"，整理爷爷的文化遗产，并首先完成了马三立出书的遗愿。爷孙俩的形象在我心中总是挥之不去，也激励我最终完成了书稿。

另外，秋山利辉所著的《匠人精神》一书，深入浅出的道理，像盏智慧的明灯启发了我。在他分析的"天道酬勤"的道理中，我似乎找到了常宝华老师和一批相声老前辈，如何做人并成功的答案。

他们大都是子承父业、笃承先志，受命于家族的使命。而后又从家族延伸到了对社会和国家的使命感。常宝华老师从最初学相声为自己、为家人，到参军为国家，在相声的表演和创作中磨炼了心性和品格，用一生去完成生命的真正价

书 后 语

值。他的执着,是用一生对相声的不放弃;在不放弃中,形成了视相声为神圣的使命并努力去实现它。而当把这一切都视为天命时,"天道酬勤"自然能带来超越一切的力量。

在我的写作生涯中,除了"勤能补拙"和"业精于勤",我慢慢悟到了"天道酬勤"的境界。

此时,怀着期待的心情,仿佛闻到了墨宝的馨香。希望这本极具历史韵味的、接地气的书籍,能使你内心产生共鸣,并能给你带来点滴收获。

张青(露露)

2018 年 4 月

左起:常宝华、露露、常露秋